KB047592

행동활성화치료

Behavioral Activation: Distinctive Features
by Jonathan W. Kanter, Andrew M. Busch and Laura C. Rusch

Korean Translation Copyright © **2017** by Hakjisa Publisher, Inc.
The Korean translation rights published by arrangement with
Taylor & Francis Group.

Copyright © 2009 by Jonathan W. Kanter, Andrew M. Busch and Laura C. Rusch
Authorized translation from English language edition published by
Routledge, a member of Taylor & Francis Group.

All Rights Reserved.

본 저작물의 한국어판 저작권은
Taylor & Francis Group과의 독점계약으로 (주)**학지사**가 소유합니다.
저작권법에 의해 한국 내에서 보호를 받는 저작물이므로
무단 전재와 무단 복제를 금합니다.

인지행동치료 스펙트럼 시리즈 | COGNITIVE BEHAVIOR THERAPIES 08

행동활성화치료

Jonathan W. Kanter · Andrew M. Busch · Laura C. Rusch 저 ▌하승수 역

학지사

발간사

    인지행동치료(Cognitive Behavior Therapies)는 견고한 이론적 기반과 풍성한 치료적 전략을 갖추고 있는 과학적으로 검증된 심리치료 체계다. 이론적으로, 인지행동치료는 비록 모든 사람이 타당성이 결여된 비논리적인 생각 혹은 유용성이 부족한 부적응적인 생각을 품을 때가 있지만 특히 심리장애를 지니고 있는 내담자의 경우에는 왜곡된 자동적 사고가 뒤따르는 감정과 행동과 대인관계에 미치는 역기능이 현저하기 때문에 문제가 된다고 가정한다. 치료적으로, 인지행동치료는 구체적인 문제 분석, 지속적인 자기관찰, 객관적인 현실 검증, 구조화된 기술 훈련 등을 통해 내담자가 자신의 마음을 바라보고 따져 보고 바꾸고 다지도록 안내하는 일련의 과정으로 진행된다. 인지행동치료자는 내담자가 구성한 주관적 현실을 검증해 볼 만한 하나의 가설로 받아들인 뒤, 협력적 경험주의에 근거하여 내담자와 함께 그 가설의 타당성과 유용성을 검토하는 정교한 작업을 수행한다.

인지행동치료는 발전을 거듭하고 있다. 인지행동치료는 정신
병리의 발생 원인과 개입 방향을 전반적으로 설명하는 총론뿐만
아니라 심리장애의 하위 유형에 따라서 구체적으로 변용하는 각
론을 제공하기 때문에 임상적 적응증이 광범위하다. 아울러 인
지의 구조를 세분화하여 자동적 사고 수준, 역기능적 도식 수준,
상위인지 수준에서 차별적으로 개입할 수 있는 위계적 조망을
제시하기 때문에 임상적 실용성이 향상되었다. 또한 변화와 수
용의 변증법적 긴장과 균형을 강조하는 현대 심리치료의 흐름을
반영하는 혁신적 관점을 채택하기 때문에 임상적 유연성이 확보
되었다. 다만 이렇게 진화하는 과정에서 인지행동치료를 협의가
아닌 광의로 정의할 필요가 발생했는데, 이것이 서두에서 인지
행동치료의 영문 명칭을 단수가 아닌 복수로 표기한 까닭이다.
요컨대, 현재 시점에서 인지행동치료를 제대로 정의하기 위해서
는 내용과 맥락이 모두 확장된 스펙트럼으로 간주하는 것이 바
람직하다.

이번에 출간하는 인지행동치료 스펙트럼 시리즈는 전술한 흐
름을 적절히 반영하고 있다. 독자 입장에서는 인지행동치료
의 대명사인 Beck(인지치료)과 Ellis(합리적 정서행동치료)의 모

형, 성격장애 치료에 적합하게 변형된 Young(심리도식치료)과 Linehan(변증법적 행동치료)의 모형, 제3세대 인지행동치료로 불리는 Hayes(수용마음챙김치료)의 모형 등의 공통점과 차이점을 이론적 및 실제적 측면에서 세밀하게 조명할 수 있는 기회가 될 것이다. 아울러 메타인지치료, 행동분석치료, 행동촉진치료, 자비중심치료, 마음챙김 인지치료, 구성주의치료 등 각각이 더 강조하고 있거나 덜 주목하고 있는 영역을 변별함으로써 임상 장면에서 만나는 다양한 내담자에게 가장 유익한 관점과 전략을 채택하는 데 도움이 되리라 여겨진다. "Beck은 현실에 맞도록 이론을 변화시키려는 경향이 강했다."라는 동료들의 전언이 사실이고, 인지행동치료의 기본 전제를 수용하면서 통합적 개입을 추구하는 심리치료자라면, 인지행동치료 스펙트럼 시리즈에 관심을 보일 만하다.

인지행동치료 스펙트럼 시리즈 역자 대표

유성진

역자 서문

행동주의 심리치료에 대한 불만족은 크게 두 가지로 요약될 수 있다. 지나치게 엄격한 자극–반응이론을 강조하여 인간의 다양하고 복잡한 행동을 설명하는 데 한계가 있다는 것과, 행동이 환경에 의해 결정된다는 점에 주목하여 인간의 자유의지를 부정한다는 것이다. 이로 인해 1950년대 후반부터 인지적 입장이 대두되기 시작하였고, 이내 행동주의적 접근과 인지주의적 접근을 접목한 인지행동치료라는 이름의 심리치료 방법이 현대 심리치료의 주류로 자리를 잡고 있다. 그러나 여전히 앞의 한계점들이 행동주의 심리치료의 꼬리표로 따라다니고 있는 게 사실이다. 게다가 그러한 한계점을 지적하면, 인지행동치료라는 이름을 빌려 인지치료의 장점이 그를 보완해 줄 수 있다는 순환논리적인 변명을 듣게 된다.

어떠한 단일한 심리치료적 접근법도 그 자체로서 완벽할 수는 없다. 그렇다고 해서 여러 종류의 심리치료적 접근법을 혼용해서 절충주의적 입장을 고수하면 만병통치약이 될 수 있을까? 심리치료의 효용성을 검증하는 경험적 연구 결과에 따르면, 절충주의적 심리치료보다 단일한 심리치료 개입방법이 보다 효과적인 경우도 상당수 존재하며, 특히 심리치료가 원하는 결과물을 얻지 못했을 경우 후속 치료를 위해서 단일한 접근법의 심리치료를 고수하는 것이 낫다는 주장이 있다. 따라서 보다 효율적인 심리치료를 위해서는 개별 심리치료적 접근법의 장점과 단점을 명료하게 이해하는 것이 중요하다.

행동활성화치료(Behavioral Activation: BA)는 Skinner의 고전적인 견해부터 Hayes의 기능적 맥락이론까지 포괄하고 있다. 행동주의적 접근의 한계를 담고 있지만, 그를 극복하려는 최신의 경향까지 아우르고 있는 셈이다. 기존의 행동주의 이론과 기법의 공통된 본질적인 요소뿐만 아니라 내담자 개인별 문제점과 행동맥락을 다루는 기능적 요소까지 다룬다. 따라서 행동활성화치료의 내용 안에서 행동주의 심리치료의 탁월성과 한계점을 모두 확인하는 것이 가능하다. 이는 인지행동치료의 초기 관점과 향후 변모 양상을 두루 살펴보는 좋은 배움을 제공해 줄 수 있다.

이 책에서는 행동주의의 기본 원리와 이론으로부터 출발해서 기능적 활용을 돕는 실제적인 기법을 안내하고 있으며, 특히 우울한 내담자에게 적용할 수 있는 기법의 기본 원리와 활용 지침을 포함하고 있다. 행동주의 심리치료자뿐만 아니라 비행동주의 관점의 치료자 및 학생이 행동치료의 최신 버전을 이해하고 적용하는 데 효과적인 내용을 학습할 수 있다. 더불어 우울한 내담자를 도울 수 있는 강력하고 단순한 개입방법을 계획하는 데 도움이 될 수 있다.

끝으로 인지행동치료 스펙트럼 시리즈의 출판을 맡아서 격려

와 지지를 보내 주신 학지사 김진환 사장님께 감사드리며, 좋은
책을 위해 지속적인 교정 작업을 담당해 주신 편집담당자 강대
건 선생님께 고마움을 전한다.

2017년 2월

하승수

서 문

　행동활성화치료(Behavioral Activation: BA)는 새로운 목적의식을 담고 있는 유구한 치료방법이다. 지난 30여 년이 넘는 기간 동안 적어도 4개의 실증적인 지지를 받는 행동활성화치료 버전이 개발되었다. Peter Lewinsohn의 초기 버전(Zeiss, Lewinsohn, & Muñoz, 1979), 인지치료(CT)와 통합된 버전(Beck, Rush, Shaw, & Emery, 1979)으로서 Jacobson과 동료들의 요인분석법으로 검증된 버전, Christopher Martell 등이 개발한 최신 버전(Martell, Addis, & Jacobson, 2001), Carl Lejuez와 동료들이 개발한 버전(Lejuez, Hopko, & Hopko, 2001) 등이 있다. 이 버전은 많은 관심과 열정을 불러일으켰으며, 많은 수의 질 높은 최근 연구를 통해 행동활성화치료가 우울증 치료에 강력하고 효율적인 개입방법임을 보여 주었다. 이러한 사실은 더 많은 연구에 불을 지폈고, 수년 후 우리는 이 결과물이 빛을 발하면서 행동활성화치료에 대한 폭발적인 관심을 볼 수 있을 것이다. 이러한 여러 요인으로 인해 행동활성화치료는 지금의 인지행동치료 스펙트럼 시리즈에 포함되게 되었다.

　행동활성화치료의 네 가지 버전 모두 공통적으로 행동 계획이라는 공통된 기법을 포함하고 있다. 행동 계획은 우울증 환자가 주변 환경 속 긍정적인 강화물과 접촉할 수 있도록 활성화시키기 위해 고안된 기법이다. 각각의 버전은 기본적인 기법을 각각 다른 방식으로 정교화하고 추가함으로써 부가적인 관련 기법을 만들어 내고 다른 방식으로 통합되었다. 각기 다른 이들 기법의 기저에는 공통된 행동주의 이론과 원리가 놓여 있고, 기법의 집합체는 행동주의 이론의 각기 다른 면에 기초를 두고 있다. 이러한 기법은 상당 기간의 실증적인 연구 결과로 지지받고 있다.

낙관적인 관점에서 이 상황을 볼 때, 우리는 과잉공급 상태다. 치료자로서는 내담자의 개별적인 요구뿐만 아니라 그들 자신의 선호도에 맞추어 여러 선택권을 갖게 되어 좋다. 만일 폭넓은 치료 기법의 사용이 가능하고 다수의 치료법 개발자가 각기 다른 치료법을 보급하려는 노력을 계속한다면, 치료자는 실증적으로 지지되는 다양한 활성화 기법을 접할 수 있게 될 것이다.

부정적인 관점에서 이 상황을 보자면, 활성화 이론과 치료 패키지가 지나칠 정도로 혼란스럽게 개발되었고 치료자가 특정 기법을 선택해서 사용하도록 안내하는 주도적인 이론이 자리 잡지 못한 상황이다. 게다가 많은 수의 중복된 기법의 조합은 불필요한 연구를 양산하고 연구의 과정을 더디게 할 수 있다. 이들 기법을 통합하고 명료하게 만드는 주도적인 이론이 없다면, 행동활성화치료의 연구는 난항을 겪고 진전도 더디게 이루어질 것이다.

이 책의 1부는 기본적인 행동주의 원리와 이론으로부터 시작

될 것이며, 현재 사용 중인 버전들과 일관되면서도 각각의 강점과 핵심을 통합하고 명확하게 해 주는 행동활성화치료의 통합된 모델을 구축할 것이다. 2부에서는 행동활성화치료 기법의 효율성과 용이성을 강조하기 위해 구체적인 구조를 제공한다. 빠르고 단순하면서도 강력한 기법으로 시작하며, 그저 지침대로 좀 더 복잡한 개입 방법으로 넘어가면 된다. 이러한 방식으로, 초반부 회기에서는 간결한 접근법으로서 행동활성화치료의 강점을 활용하고, 이후 회기에서는 개인별 문제점과 요구에 기능적으로 맞춘 접근법으로서 행동활성화치료의 강점을 활용하는 구조를 설명한다. 또한 기능적 활용과 실증적 근거의 관점으로 각각의 기법도 안내한다. 그럼으로써 독자에게는 행동활성화치료 기법에 대한 개요뿐만 아니라 그것들을 언제 그리고 어떻게 사용할지에 관한 기능적 지침까지 제공한다.

유연하고 접근 가능하며 단계적인 설명을 제공하는 이 책의 2부는, 외래환자 치료 과정에서 스트레스까지 마음챙김할 수 있는 행동활성화치료의 통합적 관점을 제공한다. 일반적인 경우, 현장에서 일하고 있는 치료자에게는 우울증 내담자를 치료하기 위한 20회기 이상의 시간이 허용되기 어렵다. 그렇기 때문에 시행과 진전은 빠르게 이루어져야 한다. 게다가 대부분 치료자는 복잡한 치료법을 충분하게 훈련할 수 있는 시간을 제공받지 못한다. 따라서 그들에게 유용한 치료법은 효율적이어야 하고 또한 쉽게 수행할 수 있어야 한다. 이런 제약 속에서, 치료자는 복잡하고 다수의 문제를 가진 내담자 치료를 요구받는다. 이러한 점

을 고려하여, 가능한 한 많은 우울증 내담자에게 유용한 실증적
으로 지지받는 치료법을 제공하고자 이 책을 기술했다.

이 책을 통해 우리는 기존의 행동주의 이론과 행동주의 기법
으로부터 차별되는 특징을 강조하고자 한다. 또한 이 책은 행동
활성화치료에 대한 초기 치료 매뉴얼 지침서라고 할 수 있다. 그
래서 비행동주의 치료자나 초기 치료 매뉴얼에 익숙하지 않은
치료자에게도 행동활성화치료를 제공해 줄 수 있을 것이다. 비
행동주의 치료자는 행동주의 전문 용어와 개념들에 당혹감을 느
낄 수도 있다. 그러나 이 책은 이러한 개념들을 쉽게 이해할 수
있는 방법과 예제를 통해 설명할 것이기 때문에 모든 치료자는
그 효용성과 실용적 가치를 이해할 수 있을 것이다. 따라서 폭넓
은 범위의 치료자에게 유용할 것이며, 학생과 수련생을 위한 수
련 지침서로서도 도움이 될 것이다.

차 례

2부

행동활성화치료의 실제적인 요소

1부

행동활성화치료의 이론적인 특징

01

특별한 역사

　행동활성화치료(Behavioral Activation: BA)의 역사는 매우 성공적인 스토리를 갖고 있다. 행동활성화치료는 Skinner의 초창기 저서(예: 1953년)로부터 그 근원을 찾을 수 있다. Skinner의 급진적 행동주의 관점을 통해 과학자와 임상가는 우울증의 환경적 요인에 집중하게 되었고, 사람이 그들의 환경에 얼마나 민감하고 반응적인지에 대하여 초점을 맞추게 되었다. 1970년대 초, Skinner를 추종하여 그에게 수련받은 대표적인 행동과학자인 Ferster와 Lewinsohn은 Skinner의 초기 주장을 우울증 행동모델으로 정교화했다. 이러한 초기 이론을 통해 인간은 강화물에 반응한다는 기본적 행동주의 원칙을 강조하였고, 인간이 긍정적 강화의 주요 원천을 상실할 때 우울증에 이르게 된다고 주장했다. Lewinsohn(1974)의 주장에 따르면, 인간이 긍정적 강화의 주요 원천을 상실하게 되면 치료의 방향은 긍정적 강화를 경험할 수 있도록 재정립하는 것(활동 계획표 작성하기)과, 긍정적 강

화의 안정적 원천을 획득하고 유지하기 위한 기술을 가르치는 것
(사회 기술 훈련하기)에 초점을 맞추어야 한다.

이 모델의 기본 원리를 지지하고 그에 부합하는 기법을 다룬
수많은 연구가 수행되었다. 그러나 1980년대 중반에 진행된 인
지혁명에 의해 행동모델의 발전이 교착상태에 빠지게 되었다. 소
수의 강성 행동주의자를 제외하면, 우울증에 대한 행동치료는 부
적절하고 잘못된 가정으로 여겨지게 되었다. 이러한 견해에 대한
충분한 근거가 없었음에도 불구하고, 그렇게 간주되어 버렸다.

인지치료로의 전환

무슨 일이 일어났는가? 우리는 두 가지 중요한 사건을 강조하
려고 한다.

첫 번째, Lewinsohn과 그의 학생들은 활동 계획표 작성, 사회적
기술 훈련, 그리고 인지 재구조화에 대한 각각의 치료 매뉴얼을
개발하고, 이것을 대입한 세 가지 치료 집단을 대기자 집단과 비
교하였다(Zeiss, Lewinsohn, & Muñoz, 1979). 그들은 이 세 가지 치
료법이 대기자 집단보다 우수한 성과를 보이는 것을 발견하였다.
그러나 세 가지 치료법의 효과를 각각 비교했을 때에는 서로 다
른 차이를 보이지 않았다. Lewinsohn은 세 가지 치료법을 하나
의 통합된 인지행동치료 접근법으로 병합하기로 결론짓고, 후에
『자신의 우울증을 통제하기(Control Your Depression)』(Lewinsohn,
Muñoz, Youngren, & Zeiss, 1978)라는 자기계발 서적을 1978년
에, 『우울증에 대처하기(The Coping with Depression Course)』

(Lewinsohn, Antonuccio, Steinmetz-Breckenridge, & Teri, 1984)라는 치료 지침서를 1984년에 출판한다. 이것이 우울증 치료에 대한 순수행동적 접근에 중점을 둔 Lewinsohn의 마지막 연구였다.

두 번째 사건은 우울증 치료에 대한 인지적 접근법의 도약이다. 『우울증에 대한 인지치료(Cognitive Therapy of Depression)』(CT; Beck, Rush, Shaw, & Emery, 1979)란 저서의 Aaron Beck과 『심리치료에서의 이성과 정서(Reason and Emotion in Psychotherapy)』(합리적 정서 치료, REBT; Ellis, 1962)란 저서의 Albert Ellis 등 선구자의 노력이 뒷받침되어 이루어졌다. Beck과 Ellis는 행동적 기법의 가치를 인식하고, 그것을 그들의 치료법에 포함했다. 예를 들어, Beck은 1979년 우울증에 대한 인지치료(CT) 매뉴얼에 행동 활성화 전략을 포함해서, 18개의 장 가운데 한 장을 할애하였다. 바로 그 7장에서 Lewinsohn의 주장을 그대로 가져온 활동 계획표 작성을 위한 세부 기술을 개관하고, 중증 우울증 환자의 초기 치료 단계에서 이런 기법이 사용되어야 함을 제안하였다.

가장 중요한 것은, 이러한 행동적 기법이 우울증의 인지모델을 보조하는 맥락에서 사용되어야 한다는 사실이었다. Beck과 Ellis에 따르면, 행동활성화치료의 과제는 기저의 가정이나 비합리적인 신념에 도전하는 작은 실험으로써 활용될 때 가치가 있다. 궁극적인 목표는 **행동적 변화에 반하고 인지적 변화에 이르는** 것이었다. 따라서 행동적 기법은 인지적 치료 접근법에 종속되어 꾸준히 사용되었지만, 그러한 기법 위에 놓인 기본적 행동주의 이론은 소실되었다.

임상심리학에서 종종 그래왔듯이, 행동치료로부터 인지치료로의 전환이 과학적 발견에 근거를 두지 아니한 것처럼, 패러다임의 전환은 과학보다 더 강력하다. Cuijpers와 동료들(2007)은 1970년대부터 1990년대까지의 행동적 기법에 대한 15개의 연구를 메타분석한 결과, 이러한 행동적 기법이 대기자 집단이나 비처치 집단에 비해 성인 우울증 외래환자에게 매우 효율적임을 발견했다. Cuijpers와 동료들은 또한 몇몇 연구에서 이러한 행동적 기법이 CT만큼이나 효과적이고 동등한 효과가 추후 측정 때까지 지속됨을 발견하였다.

인지치료법의 요소 분석

행동 기법이 인지모델에 귀속되는 현상으로 인해 우울증을 치료하려는 순수 행동접근법이 상당 기간 정체되어 있었다. 그 후, 1996년 워싱턴 대학의 Neil Jacobson과 동료들은 인지치료법의 요소 분석에 관한 책을 발간하여 행동치료법을 부활시키는 계기를 마련했다. Jacobson과 동료들은 Beck의 1979년 인지치료법 책을 검토하고 인지치료법이 세 가지의 요소로 나뉜다는 것을 주장했다. 첫째로 활동 계획 세우기(Jacobson은 이를 행동활성화가라 명명함), 둘째는 활동 계획 세우기와 자동적 사고 수정하기를 포함하는 인지적 재구조화, 셋째는 활동 계획 세우기와 자동적 사고 수정하기 및 핵심신념 수정하기를 포함한 포괄적 인지치료법이 그 요소들이다.

분석 결과는 놀라웠다. 다수의 표본을 바탕으로 모든 조건에서 능숙한 임상가가 수행하였으며 임상가들이 포괄적 인지치료법을 선호했던 편파에도 불구하고, 포괄적 인지치료법이 인지적 재구조화나 행동활성화보다 더 나은 성과를 가져온다는 증거가 없음을 Jacobson과 동료들(1996)이 발견하였다. 게다가 2년 뒤 추후 측정치를 비교했을 때, 포괄적 인지치료법이 행동활성화에 비해 재발방지에서도 보다 효율적이지 못했다(Gortner, Gollan, Dobson, & Jacobson, 1998). Jacobson은 이 연구들에 근거하여, 우울증 치료에서 행동활성화가 그 외의 요소만큼 효과적이기 때문에 인지적 이론과 개입은 불필요하다는 결론을 내렸다. 단순한 행동활성화 전략만으로도 충분하다는 결론인 셈이다.

Jacobson과 동료들(1996)의 요소 분석 연구와 Zeiss와 동료들(1979)의 연구를 비교하는 것은 흥미롭다. 두 연구의 각각 몇 개의 실제 치료 요소를 검사했고, 두 연구 모두에서 개별 요소가 동등하게 효율적임을 발견했다. Lewinsohn은 각 요소를 통합할 것을 제안하는 것으로 결과를 해석한 반면, Jacobson은 만일 모든 개입 요소가 동일하게 효율적이었다면 가장 간략하고 손쉬운 개입을 권장할 것을 제안했다. 왜 결과물에 도움이 되지 못하는 부가적인 요소를 불필요하게 포함해서 복잡한 치료법을 만들까?

최근의 행동활성화치료

Jacobson과 동료들(1996)의 요소 분석으로 인해 몇몇 변화가 시작되었다.

첫째, Jacobson과 동료들은 관심을 보인 개인들에게 인지치료 책의 7장을 살펴보도록 조언하는 데 만족하지 않고 독립된 행동활성화치료를 발전시킬 것을 제안하였고, 그 결과물로 2001년 Christopher Martell, Michael Addis와 Neil Jacobson이 『우울증: 실행안내전략(Depression in Context: Strategies for Guided Action)』이라는 책을 출판하였다. 행동활성화 기법에 대한 행동주의 이론을 재정립하기 위해 노력하던 이들 저자는 우울증에서의 회피의 중요성 — 우울한 사람은 긍정적 강화의 주요 원천을 상실한 것이 아니라 불쾌한 상황을 수동적으로 회피함으로 인해 비활동적인 상태임 — 을 강조한 Ferster(1973)의 저서에 큰 영향을 받았다. 따라서 Martell과 동료들이 기술한 행동활성화 기법은 간결한 행동활성화 전략과 함께, 회피를 인식하고 극복하는 기법까지 포함했다. 이 책은 정교하게 구조화된 접근법을 제시하기보다는 유연한 치료적 기법을 강조하였다.

둘째, Carl Lejuez와 그의 동료 Derek Hopko, Sandra Hopko는 그들이 '우울증에 대한 간략한 행동활성화치료(Brief Behavioral Activation Treatment for Depression: BATD)'(Lejuez, Hopko, & Hopko, 2001, 2002)라 명명한 다른 버전의 행동활성화치료를 개발하였다. 그들은 대응법칙(Hernstein, 1970)에 주목했는데, 이는 특정한 행위를 수반하는 특정한 강화물을 강조하는 것이 아니라 행동이 발생한 전후 맥락의 중요성을 강조하는 이론이었다. BATD의 처치 기법은 매우 구조화되어 있고, 행동을 촉진하는 과제물을 포함하며, 행동의 실행에 초점을 맞추면서, 그 실행을 위해 타인의 지지를 유도한다. Martell의 버전과는 달리, 회피를 다루는 특정 기법을 제공하지는 않는다.

Hopko, Lejuez, Ruggiero와 Eifert(2003)는 행동활성화치료 (BA)와 BATD를 비교해서 훌륭한 논의점을 제고했다. 그들은 두 치료법이 이전의 것들보다 훨씬 더 개별 초점적이라고 보았으며, 우울한 사람이 독특한 환경 조건과 개인력에서 어떻게 각각 차이점을 보이는지에 대해 강조하였다. 두 치료법은 내담자의 행동을 기능적으로 이해하고, 일반적인 유쾌한 일의 단순한 계획보다는 기능에 근거를 둔 활동 계획 작성을 시도한다. 또한 두 치료법은 전통적인 관점에서 행동주의적이지 않은 생물학적, 유전학적 그리고 인지적인 요소를 많이 포함하고 있다.

경험적 지지

행동활성화치료의 두 가지 변형(BA와 BATD)은 많은 관심과 경험적 지지를 양산했다.

첫째, 최근 대규모 연구를 통해 행동활성화치료, 인지치료, 파록세틴(Paroxetine) 약물치료, 위약 효과에 대한 비교가 이루어졌다(Dimidjian et al., 2006). 모든 치료법은 경도 우울증 환자에게 효과적이었는데, 행동활성화치료는 전통적으로 치료하기 어려운 중등도에서 심도에 해당하는 우울증 내담자에게 놀랍도록 효과적이었으며, 인지치료보다 우수한 성과를 보였고, 파록세틴 약물치료와 동등하게 효과적이었다. 또한 파록세틴 약물치료는 중도 탈락 비율이 높고 약물 투여를 중지하면 재발하는 문제를 보였으므로(Dobson et al., 2004), 모든 것을 고려했을 때 행동활성화치료가 이 연구에서 가장 우월한 치료법으로 밝혀졌다.

행동활성화치료와 관련된 두 가지 연구가 수행되었다. 하나는 공공 정신건강 장면에서 진행된 행동활성화치료의 그룹치료를 지지하는 연구(Porter, Spates, & Smitham, 2004)이며, 다른 하나는 외상후 스트레스 장애에 적합한 형태의 행동활성화치료를 지지하는 연구(Jakupcak et al.,2006; Mulick & Naugle, 2004)다. 또 다른 연구들도 진행 중이다.

BATD의 경우, 입원환자를 대상으로 한 작은 표본의 무선할당 시행 연구(Hopko, Lejuez, Lepage, Hopko, & McNeil, 2003)가 진행되었다. 이 연구에서 일반적인 지지적 치료 집단과 벡 우울증지표(Beck Depression Inventory: BDI)의 사전-사후 측정치를 비교했을 때, BATD에서 상당히 유의미한 점수 하락을 확인할 수 있었다.

최근의 참고 도서

짧은 역사적 배경에서 적어도 네 가지 형태의 행동활성화치료(BA)가 제안되었다. 그것은 Lewinsohn의 초기 버전, CT(인지치료법)에 통합된 버전으로서 Jacobson과 동료들의 요소 분석에 포함된 버전, Martell과 동료들의 최근 행동활성화치료, Lejuez와 동료들의 BATD다. 최근의 책들은 일반적으로 행동활성화치료(BA)라는 이름 아래 포함되는 다양한 이론과 치료 기법을 명확하게 하고 통합할 것을 목표로 삼고 있다. 이 책의 1부에서는 행동활성화치료를 설명하는 행동주의 이론과 우울증 이론을 제시하

고 2부에서는 통합되고 정교화된 행동활성화치료의 구조를 제시
하고 있다.

02

인간 행동에 대한 분명한 정의

이 장은 쉬운 질문으로부터 시작된다. 행동이란 무엇인가? 포괄적으로 답하자면, 사람이 행하는 모든 것이 행동에 해당한다. 행동주의는 동물들, 어린아이, 그리고 인지장애가 있는 성인들에게 가장 적합하거나 혹은 유일하게 적합한 이론으로 종종 여겨진다. 행동활성화치료가 근거를 두고 있는 현대 행동이론은 인간 경험의 모든 범위 내에서 행동활성화치료와 관련되는 행동만을 다루고자 한다.

전통적으로 인간의 심리학적 기능은 인지·정서·행동의 세 가지 범주로 나뉜다. 행동이론은 이 세 가지 범주 모두를 행동으로 취급한다. 이러한 포괄적인 관점은 단순하게 명사를 동사로 변환하는 것을 포함한다. 인지를 생각하기로 바꾸고, 정서를 감정 느끼기로 바꾸고, 행동(전통적으로 정의한)을 실행하기로 변환하면 된다. 행동활성화치료에 의하면, 생각하기, 감정 느끼기, 실행하기는 사람이 행하는 모든 것을 포괄하며, 따라서 이는 행동으로 취급할 수 있다.

많은 비행동주의자는 '행동주의자는 개인적 경험의 존재와 관련성을 부인한다'는 생각을 갖고 있기 때문에 행동주의자가 사적인 경험(생각하기와 감정 느끼기)을 행동으로 간주하는 것에 혼란을 느낀다. 사실 행동이론에서는, 생각하기, 감정 느끼기, 사랑하기, 꿈꾸기, 소망하기, 기억하기, 심지어는 자기와 관련된 경험 등 모든 유형의 개인적 경험을 설명하려 한다(Kohlenberg & Tsai, 1991). 행동이론은 인간 경험의 전반적인 범위를 다루고 있다. 행동주의 관점과 그 외의 다른 심리학 이론의 핵심적 차이점은, 행동 원인에 놓여 있는 것이 아니라 이러한 개인적 행동으로 표현되는 사적인 경험에 놓여 있다. 사적인 행동과 공적인 행동의 차이는 그 규모와 접근성에 있는데, 사적인 행동은 매우 감지하기 어렵고 행동에 관여한 사람만이 식별할 수 있다는 점이다. 그러나 사적인 행동은 공적인 행동에 적용되는 동일한 학습 원리와 변화 과정으로 설명될 수 있다.

행동주의자는 사적인 행동의 존재를 부정하지는 않지만, 사적인 행동을 정신적 실체로 대체하고, 이 실체를 사용해서 행동을 설명하려는 입장에는 반대한다. 이러한 예는 매우 흔히 접할 수 있다. 우리는 잘 기억한다(행동, 동사), 왜냐하면 기억력(명사, 정신적 실체)이 좋기 때문이다. 우리는 총명하게 행동한다(행동, 동사), 왜냐하면 지능(명사, 정신적 실체)이 높기 때문이다. 우리는 어떤 방식으로 생각한다(행동, 동사), 왜냐하면 우리의 심리도식(명사, 정신적 실체)이 있기 때문이다. 행동주의자는 그러한 정신적 실체들을 가리켜 '설명을 위한 허구'라고 지칭했다. 행동주의자들에게 기억력, 지능, 심리도식은 결국 순환논리일 뿐이고, 거의 설명력이 없으며, 더 효과적인 원인을 찾는 것이 모호해 보인다. 당신이 지능 때문에 총명하게 행동했다면 당신이 총명하게 행동했다는 것 외에 우리가 당신에 대해 아는 것이 무엇이 있나? 당신이 좋은 기억력 때문에 무언가를 기억하고 있었다면 당신이 기억을 잘한다는 것 외에 우리가 무엇을 알 수 있나? 높은 지능과 좋은 기억력의 원인이 되는 요소를 이해하기 위해 우리는 또 다른 분석 과정이 필요하다. 그러므로 행동주의자는 기억하는 행동, 총명하게 행하는 행동, 특정한 것을 생각하는 행동에 개개인들을 참여하게 이끄는 현재와 과거의 변수를 이해하려고 노력하였다. 이 분석을 통해, 사람들이 더욱더 정확하게 기억하거나 총명하게 행동할 수 있도록 도와주는 데 효과적일 수 있다고 궁극적으로 믿고 있다

행동주의적 관점에서 보면, 임상심리학은 행동의 원인이라고 간주하는 '설명을 위한 허구'들로 가득 찼다. 심리도식, 성격, 자존감 등이 그 예시에 해당한다. 진단명도 '설명을 위한 허구'의 기능을 담당하고 있다. "그녀는 경계선 성격장애를 지니고 있어서 그렇게 행동한다." 진단을 내리는 것은 중요하고 다른 전문가들과 의사소통을 할 때 도움이 된다. 또한 경험적으로 지지가 된 치료 기법과 함께 사용될 때 흔히 유용하지만, 원인이나 병인론의 측면에서 유용한 부가적 정보를 제공하지 못하므로 행동적 분석에서 강조되지 못한다.

분석을 위한 가변적 단위

마지막으로 강조하고 싶은 것은, 행동이론은 매우 가변적으로 행동의 정의를 설명하고 있다는 점이다. 어떤 행동이라도 항상 더 작은 행동으로 쪼개질 수 있다. 예를 들어, 누군가 산책하러 간다고 하면 그 행동은, 의자에서 일어나고, 문으로 이동하고, 문을 열고, 밖으로 나가고, 거리를 걷고, 다시 돌아오는 일을 포함하는 단위로서 정의된다. 전체로서의 '산책'이 관심행동이 된다. 달리 말하면, 요소 각각(예: 의자에서 일어나는 것 혹은 문을 여는 것)이 관심행동으로 정의할 수 있다. 더욱더 세분하면, 그 행동들도 또 쪼개질 수 있다. 문을 여는 것을 예로 들자면, 팔을 움직이고, 손잡이를 잡고, 돌리고, 미는 행위를 포함한다. 이러한 행위는 계속해서 무한히 작은 분석 단위로 쪼갤 수 있다.

중요한 점은 완전한 분석 단위는 없다는 것이다. 행동주의는 실용적 학문이기 때문에, 행동적 분석 단위는 임상적 유용성에 따라 다르게 정의된다. 그러므로 사랑하기, 신뢰하기, 도망치기, 속임수 쓰기, 회피하기, 잠자기, 논쟁하기, 연구하기, 희망하기 등 모든 것이 행동적으로 고려될 수 있다. 비록 심리치료자가 언어의 초점을 명확히 하는 것이 가능하더라도, 기술적인 행동 언어보다 내담자 자신의 언어가 보다 중요하게 여겨진다. 내담자의 언어를 사용해서 좀 더 넓은 의미로 정의된 인간 전체의 행동을 분석의 초점으로 삼는다.

03

기본 용어

행동심리학은 많은 독자가 생소해 할 만할 행동적 전문용어를 사용하고 있다. 그러므로 3장에서는 이 책에 자세히 기술되고 사용할 몇 가지 기본 용어를 정의하고자 한다. 이러한 정의를 하는 목적은 전문적 설명을 하기 위함이 아니라, 임상 작업을 용이하게 하는 수준에서 이해를 돕고 이 책 나머지 부분의 유용성을 증진하기 위함이다. 다음 목록은 행동적 전문용어의 관점에서 실수가 유발되었을 때 돌아볼 수 있는 참고로서 제공한다.

조작적 행동

조작적 행동이란 현재와 과거의 맥락에 의해 조작된 행동이다. 현재의 맥락 관점에서 보면, 조작적 행동은 행동을 활성화시킬 변별자극을 필요로 한다. 과거의 맥락 관점에서 보면, 조작적 행동은 과거 행위에 수반된 결과물에 의해 수정되고 다듬어져 왔다. 그러한 결과물은 정적 강화, 부적 강화 그리고 처벌을 포함한다. 조작적 행동의 특별한 예를 온전하게 기술하기 위해서는, 그 행동을 활성화한 변별자극과 과거 그 행동 때문에 수반된 결과물이 반드시 설명되어야 한다. 변별자극, 행동 그리고 결과물이 수반성 또는 수반성 관계를 형성하게 된다.

　가장 복잡하고도 병리적인 인간 행동이 조작적 행동으로 개념화될 수 있다. 조작적 행동은 자발적이고 목표 지향적인 속성을 지니는데, 예를 들어 걷기, 계획하기, 청소하기, 먹기, 이야기하기, 춤추기, 글쓰기 등을 들 수 있다. 내담자의 조작적 행동을 활성화하는 것이 행동활성화치료의 궁극적인 목표이기 때문에, 조작적 행동은 이 책의 가장 핵심적인 개념이 된다.

정적 강화

　정적 강화는 주어진 행동에 수반되는 어떤 자극이 이후 행동 빈도를 증가시킬 때 일어난다. 예를 들어 수줍음 많은 사람이 어떤 모임에서 긍정적인 사회적 상호작용을 경험했다면, 더 많은 사회적 모임에 참가하려 할 것이다. 이 예시에서, 긍정적인 사회적 상호작용은 사회적 모임에 조금 더 참가하고자 하는 정적 강화물로서 기능을 한다. 정적 강화물은 토큰이나 칭찬 같은 보상, 음식이나 햇빛 같은 자연 발생 강화물, 자동차 시동 걸기나 문 열기 같은 기계적인 작동, 그리고 사회적 강화물을 포함한다. 행동활성화치료는 다양하고 안정적인 정적 강화 원천과의 접촉 증가를 목표로 한다.

부적 강화

부적 강화는 주어진 행동에 수반되는 어떤 자극의 제거가 이후의 행동 빈도를 증가시킬 때 일어난다. 예를 들어, 장기간의 약물 복용은 부적 강화로서 유지될 수 있는데, 이는 약물의 투여 행동이 금단 증상을 제거해 주는 결과를 가져오기 때문이다. 만성 통증을 가지고 있는 사람이 침대에 머물러 있는 행동은 극심한 통증을 면해 주기 때문에 부적으로 강화된다. 금단 증상의 제거와 극심한 통증의 회피가 이러한 결과를 수반하는 행동의 발생 빈도를 증가시킨다. 행동활성화치료의 핵심인 **경험 회피**는, 피하고 싶은 감정 경험의 제거나 경감에 의해 부적으로 강화되는 행동이다.

처 벌

처벌이란 주어진 행동에 수반하는 자극이 이후의 행동 빈도를 감소시킬 때 일어난다. 예를 들어, 흡연 행위의 감소가 배우자의 불평으로 유도되었다면, 그 불평이 처벌이 될 수 있다. 자극의 제거가 그것에 선행하는 행동의 빈도를 확실하게 증가시키거나(부적 강화) 혹은 자극이 행동 감소를 이끌어 냈다면(처벌), 일반적으로 그 자극은 **회피자극**으로 지칭할 수 있다.

변별자극

조작적 행동은 변별자극에 의해 유도되거나 혹은 그와 관련된 환경으로부터 유도된다. 예를 들어, 전화벨이 울리는 것은 전화

받는 행동을 위한 변별자극이다. 행동활성화치료에서 긍정적 행동의 유발을 도울 수 있는 환경을 창출하기 위해서는, 긍정적 속성의 조작적 행동을 위한 변별자극을 측정하는 것이 중요하다.

소거

소거는 행동의 결과가 잦아든 후 행동의 빈도가 감소할 때 일어난다. 우울증의 행동모델에서는 소거가 중요한데, 왜냐하면 우울증 상태에서 행동의 감소는 정적 강화물의 축소로 인한 것으로 보이기 때문이다. 달리 말한다면, 건강한 행동, 우울하지 않은 행동이 소거되었다는 것이다.

반응행동

반응행동은 유발자극이라고 알려진 어떤 자극 때문에 자동적으로 생성되는 행동을 말한다. 유발자극은 무조건적 자극(본능적으로 반사행동처럼 유도되는 자극, 예를 들어 놀람과 공포 반응을 유도하는 예상치 못한 큰 소음처럼)일 수도 있고 조건적 자극(과거의 무조건적 자극과 짝을 이룬 후에만 어떤 반응을 유발하는 자극, 예를 들어 예상치 못한 큰 소리를 유발했던 사람을 보고 깜짝 놀라는 것처럼)일 수도 있다. 반응행동은 조작적 행동보다 단순하며, 종종 더 반사적이고 생리학적인 것처럼 보인다. 우울증 상태에서 보이는 감정적 반응의 대다수는 부정적인 환경 사건에 의해 자동적으로 이끌어지는 반응행동으로 개념화된다.

그 밖에 다수의 다른 용어도 있으며, 우리가 완벽한 목록을 만들었다고 말할 수 없다. 그러나 능숙한 행동활성화치료자가 되는것은 행동학적 전문용어를 장기간 공부하는 것을 필요로 하지 않는다. 현재 목록으로 충분할 것이다. 보다 중요한 것은 기능적으로 생각하는 능력이며, 다음 장에서 이 주제를 다루게 될 것이다.

04

기본적인 철학과 이론

행동활성화치료의 근간이 된 기본 철학은, Skinner(1953, 1974)의 급진적 행동주의에 관한 초기 저서로부터 시작해서 Hayes(Gifford & Hayes, 1999; Hayes, 1993; Hayes, Hayes, Reese, & Sarbin, 1988)의 기능적 맥락이론까지 발전을 계속해 왔다. 기능적 맥락이론에서, Hayes는 Skinner에 의해 발전해 온 급진적 행동주의의 과학적 철학을 본질적으로 냉철하게 평가했다. 급진적 행동주의의 과학적 철학은 비인간 행동 연구와 통제된 환경(예: 상주하는 환경)에서의 행동적 개입을 위한 기틀을 마련하는 데 매우 성공적이었지만, 성인 외래환자 집단을 대상으로 한 개입의 기초로서는 덜 성공적이었다. Hayes는 초기 철학적 체계로부터 중요한 주제를 명료화, 정교화, 재구조화하여 새롭게 제시하였고, Skinner의 업적 가운데 논쟁이 되고 잡음이 많은 측면을 제거하였으며, 성인과 외래환자 집단에 중요한 핵심 요소들을 분류하였다. 행동활성화치료는 기능적 맥락이론에 근거를 두는 것으로 보였는데, 몇몇 행동주의자는 그 대신에 급진적 행동주의나 혹은 행동분석적 관점으로 간주하고 있다.

맥락과 의미

행동주의자에게 있어서, 행동의 의미를 이해하려면 그 행동의 기능을 이해해야만 한다. 기능을 이해하기 위해서는 개인이 그 행위에 관여하게끔 유도한 현재와 과거의 특정 변수들을 이해해야 한다. 행동이 환경에 어떻게 영향을 주는가? 현재 수행하고 있는 행동은 무엇인가? 그 행동이 산출하는 것(정적 강화) 혹은 제거하는 것(부적 강화)은 무엇인가?

① 과거의 맥락과 기능

우리는 어떤 결과를 얻기 위해 그 행동에 관여한다고 생각하기 때문에 대부분의 경우, 기능이 의미하는 것을 오해하기 쉽다. 그러나 행동적 관점으로 보면, 욕구, 필요, 의도는 설명을 위해 지어내기 쉬운 개별적 행동의 예시일 뿐이다. 분명히 말하지만, 우리는 사람들이 욕구, 필요, 의도로 묘사될 수 있는 행동에 관여한다는 사실을 부인하지 않는다. 개개인들이 무언가를 왜 원하는지, 왜 필요로 하는지를 설명해야 하는 작업이 우리에게 남겨져 있기 때문에, 욕구, 필요, 의도를 궁극적인 원인으로 해석하는 것이 도움되지 않는다는 점을 제안할 뿐이다. 아이에게 왜 그 행동을 했는지 물어본 후 "제가 원했기 때문이에요."라는 대답을 듣게 된 부모는 모두 그러한 대화가 무가치했음을 이해할 수 있다. 만일 성공적으로 관심 행동에 개입하는 것이 목표였다면, 그 저 어떤 욕구만을 확인하게 되는 분석은 소득 없이 종결되는 것 이다.

욕구, 필요, 의도와 관련된 표현은 분석을 추후의 일로 미뤄 버 리는 효과가 있다. 우리가 어떤 행동에 관여하는 것은 특정 결과 가 미래에 일어나기를 원하기 때문이라는 가정을 품고 있기 때문 이다. 행동의 기본 원리에 따르면, 행동의 기능은 과거에 행한 행 동이 수반한 결과들에 의해 결정되는 것이다. 우리가 물을 마시 는 것은, 그 행동이 미래에 갈증을 해소해 주기를 원하기 때문이 아니라, 이미 과거에 갈증을 해소해 주었던 결과를 알고 있기 때 문에 하는 것이다.

이 질문을 자문해 보라. 만일 과거에 물을 마셔서 갈증 해소에 도움된 적이 한 번도 없다면, 물을 마시는 행동을 기꺼이 하겠는 가? 물론 그렇게 하지 않을 것이다. 과거의 수반성을 고려한다면 대부분의 사람은 현재의 경험에 반대되는 선택을 하기 어려울 것이다. 물론 물 마시기를 성공적으로 강화해 주었던 과거의 수 반성에 주목하지 않고, 물을 마시고 싶은 현재의 경험에 주목했 다고 해서 과거의 수반성이 중요하지 않다는 사실은 아니다. 행 동주의자들에 따르면, 강화의 역사는 행동을 정교화하는 과거 수 반성의 총합에 해당하며 미래에 왜 그것이 발생할지를 설명해 줄 수 있다.

② 현재의 맥락

강화의 역사를 이해하는 것에 덧붙여서, 우리는 또한 현재의 맥락을 반드시 이해해야 한다. 현재의 맥락은 현재의 과정이기 때문에 훨씬 쉽게 인식될 수 있으며, 따라서 현재의 행동에 관여하는 개개인들에게 더 유용할 것이다. 예를 들어, 물 한 잔의 존재는 물을 마시는 행동이 일어나게 할 현재 맥락의 필연적 특징이다. 물을 마시고 싶은 욕구(갈증에 대한 경험, 혹은 수분이 부족했던 최근의 역사)는 물론 중요하며 현재의 맥락에서 필수적인 특징으로 고려될 것이다(그러나 궁극적인 원인은 아니다). 다른 더 미묘한 변수들 또한 중요해질 것이다(예: 잔 속의 물이 탁하고 유해하게 보이는가?). 종합해서 말하자면, 발생할 행동에 필수적인 현재 맥락으로서의 자극은 **변별자극**이라고 명명된다.

현재의 맥락에서 변별자극에 의해 유발되며, 과거의 맥락에서 강화자극에 수반되는 행위인 **조작적 행동**에 대해 지금까지 살펴보았다. 조작적 행동은 자발적이고 목표 지향적인 속성을 지닌다. 가장 복잡한 인간의 병리적 행동은 조작적 행동으로 개념화될 수 있다. 사실 행동활성화치료의 목표는 잠자리에서 일어나는 단순한 행동에서부터 인상안을 협상하는 복잡한 행위에 이르기까지 정적 강화에 이를 수 있는 다양한 조작적 행동을 활성화하는 것에 있다.

③ 반응행동

다수의 비행동주의자는 전적으로 현재의 맥락에 중점을 두고

과거 강화 경험의 역할을 무시하는 자극-반응 행동주의와 조작
적 행동이론을 혼동한다. 강화의 경험이 없을 때, 현재의 맥락이
행동을 유발할 수 있는 방법이 있지만, 우리는 더 조작적 행동에
관해서 이야기하지 않겠다. 몇몇 행동은 어떤 자극에 의해 자동
적으로 단순하게 유발되며, 이것은 반응행동이라고 알려져 있다.
반응행동의 주요한 예시인 Pavlov의 개에 대해서 많은 사람이
익숙하다. 개에게 제공된 사료는 자동적으로 타액의 분비 행동
을 유도하며, 반복 후 반응 조건화(고전적 조건형성이라고도 불림)
를 통해 사료 제공과 짝을 이루는 자극(예: 종소리) 또한 타액의
분비를 유발한다.

　반응행동은 조작적 행동과 구분되는데, 반응행동이 더 간단하
고 반사적이며, 생리적인 속성을 가진다. 임상적으로 보면, 울
음, 슬픔, 분노, 흥분 같은 정서의 표출이 반응행동에 해당한다
(적어도 부분적으로는). 이러한 기본적 정서는 유전적 특징을 지
니며, 특정 상황에서 자동적으로 유발된다는 점이 분명하다. 또
한 성인의 정서 표현은 자동적으로 유도된 이러한 기본 정서를
정교화해서 복합적으로 학습된 경험이라는 사실도 분명하다.

　행동활성화치료자들에게는 반응적 정서 표현과 조작적 정서
표현을 구분하는 것이 중요하다. "이번 주는 어떠셨나요?"라는
치료자의 질문에 대하여 울음을 터뜨리는 내담자를 살펴보자.
한편으로 이러한 행동은 그 질문이 내담자로 하여금 그 주에 발
생한 매우 속상했던 사건들을 떠올리게 해서 자동적으로 유발되
는 슬픔의 반응행동일 수 있다. 그러나 울음이 과거에 치료자를

포함한 다른 사람의 동정, 보살핌 그리고 상냥함을 유발하여 긍
정적으로 강화되어 왔다고 보면, 그 울음은 조작적 기능을 가지
고 있다고 할 수 있다. 울음은 본질적으로 내담자가 치료자에게
"이번 주에는 잘 대해 주세요. 나를 너무 강하게 다그치지 마세
요."라고 말하며, 회피를 돕는 기능을 할 수도 있다. 울음이 그러
한 조작적인 기능을 가지고 있다 하더라도 내담자가 고의로, 의
식적으로, 혹은 속임수로 행하는 것이 아니라는 점을 이해하는
것이 중요하다. 치료자는 조정당하는 느낌을 받을 수 있지만, 그
렇다고 내담자가 고의로 조정하고 있음을 의미하지는 않는다.
이것이 조작적 행동의 특징이다(Linehan, 1993). 물론 하나의 행
동에 다수의 반응적, 조작적 기능이 있을 수도 있다. 인간의 행
동은 복잡하다.

④ 기능 vs 형태

기능에 의해 정의된 행동은 형태에 의해 정의된 행동들과 구
분될 필요가 있다. 비슷해 보이는 행동들도 각기 다른 기능을 가
질 수 있다. 앞에서 언급했던 것처럼, 울음을 터뜨리는 행동은
불편한 상호작용으로부터 회피하는 기능을 가질 수도 있고, 상
대방으로 하여금 동정과 연민을 유발하는 기능을 가질 수도 있
다. 그 기능은 울고 있는 동안 옆에 있는 사람이 누구인지(변별
자극)와 과거에 비슷한 인물들이 우는 것에 어떻게 반응해 주었
는지(강화의 역사)에 달려 있다. 친구와 농담하는 것은 사회적 강
화(예: 친구가 웃음)를 이끌어 내는 기능을 할 수도 있지만, 장례

식에서 농담하는 것은 슬픔과 비탄으로부터 거리를 두는 방법의 일환으로서 기능할 것이다. 다시 말해서, 중요한 것은 과거와 현재의 맥락이다. 과거와 현재의 맥락에 대해 전혀 모르고 있다면, 울음을 터뜨리는 것과 농담을 주고받는 것은 이해할 수 없는 행동이 된다.

희망적인 결정론

만약 행동이 단순히 우리의 과거와 환경의 산물이라면 통제할 수 없을 것이고 우리가 변화시킬 수 있는 것은 없을 것이라는 점에서, 현대 행동주의 이론은 희망이 없어 보일 수도 있다. 그러나 내담자들이 그들의 환경을 변화시킬 수 있도록 격려받을 수 있고, 새로운 경험이 누적되어 새롭고 좀 더 기능적인 행동을 창출할 수 있다는 점에서 현대 행동주의 이론은 희망적 결정론이 될 수 있다. 행동활성화치료는 그런 방식으로 고안된 일련의 기법을 제시한다. 행동활성화치료에 따르면, 내담자의 문제들은 그들의 역사와 환경의 산물이 될 것이다. 그렇다고 해서 더 좋게 변화시킬 수 있는 것이 없다는 것을 의미하지는 않는다. 따라서 현대 행동주의 이론은 비난받을 필요가 없고 권장받아 마땅하다. 내담자들과 그들의 노력에 공감해 줄 수 있을 뿐만 아니라, 외견상 과거에 압도된 상황에도 내담자를 도울 수 있는 부분에 집중할 수 있기 때문에, 이러한 관점은 도움이 되는 치료적 태도라고 볼 수 있다.

05

기본적인 행동적 ABC 모델

이전 장에서 가장 복잡하고 병리적인 인간 행동은 사실상 조작적 행동임을 강조한 바 있다. 조작적 행동을 완전히 이해하기 위해서는 그 기능을 반드시 이해해야 한다. 행동을 유발한 현재의 맥락, 행동 그 자체로서의 형태, 그리고 행동을 강화했던 과거의 맥락을 가능한 한 명확하게 구체화해야 한다. 이러한 조작적 행동의 세 가지 요소를 명시하는 과정을 기능적 분석이라 칭하며, 또는 기능적 평가라고 한다. 치료자의 기능적 평가를 단순화하기 위해, 현대 행동주의 이론은 기본적인 ABC 모델을 사용한다.

행동주의 이론에서의 ABC

행동적 ABC 모델에서, 'A'는 행동의 선행사건(행동을 유발하는 현재의 맥락에서 변별자극)을 의미하고, 'B'는 행동을 의미하며, 'C'는 결과물(과거의 맥락에서 행동에 수반된 강화 혹은 처벌자극)을 의미한다. Ramnerö와 Törneke(2008, p. 48)는 세 가지 간단한 질문으로 이 모델을 간결하게 요약했다.

- 행동(behavior: B): 그 사람은 지금 무엇을 하고 있나요?
- 선행사건(antecedent: A): 그 사람은 그것을 언제 하나요? "언제?"라는 질문은 폭넓게 사용되며, "무슨 상황에 처했을 때 그 사람이 그것을 하는가?"로도 가능하다.
- 결과물(consequence: C): 그 사람이 그것을 행한 후 무슨 일이 일어났는가?

〈표 5-1〉에서 행동주의적 ABC 모델과 전형적인 인지이론의 ABC 모델의 같은 점과 다른 점을 보여 주고 있다(새로운 인지적 모델은 인지적 과정을 더 중요하게 강조하는 반면 여기 기술된 전형적인 모델은 인지된 내용물을 강조함).

〈표 5-1〉 인지주의와 행동주의 이론에 따른 ABC 모델의 비교

이론	A	B	C
인지주의	선행사건 (모임에 초대받기, 불안해하는)	신념 ("나는 실패자야.")	결과물: 정서적, 행동적 (더 우울해짐, 집에 머무르기)
행동주의	선행사건 (모임에 초대받기, 불안해하는)	행동 (집에 머무르기)	결과물: 기능적 (불안의 감소)

첫째, 선행사건은 기본적으로 동일하다. 예를 들어, 모임에 초대된 우울증 내담자인 Joe는 참석하기에 앞서 불안해한다. 모임과 사적인 경험의 조합은 두 가지 모델 모두에 있어서 선행사건

으로 간주한다. 환경적인 사건에 중점을 두는 대신에 이런 사적인 사건을 선행사건으로 간주하는 것은 전통적인 행동모델에서 흔하지 않다. 그러나 이러한 기준을 느슨하게 하는 것이 해를 끼치지 않고, 치료적으로 유용하다면 선행사건으로서 생각이나 감정을 고려할 수도 있다. 달리 말하면, 행동이론에서 궁극적 원인은 환경에 있다. 그러나 만일 환경적 선행사건이 매우 동떨어지고, 불명확하고, 변경될 수 없다면 생각과 감정을 포함하는 것이 치료적으로 유용할 것이다. 여기에서 보이는 것처럼, 감정 경험의 감소가 회피행동을 유지하는 결과로서 역할을 한다면, 행동활성화치료에서 감정은 전형적인 선행사건이 될 수 있다.

양쪽 모델에서 B는 변화할 목표 변수를 나타낸다. 인지이론에서 목표는 신념이다. 이 예시에서는 "나는 실패자다."가 신념에 해당된다. 행동이론에서 목표는 행동이다. 이 예시에서는 파티에 가지 않고 집에 머무르는 행동이 해당된다. 인지적 과정은 이 모델에서 행동으로 간주할 수 있는데, 예를 들어 반추하기, 걱정하기, 스스로를 비난하기, 자살을 생각하기 등이 그러하다. 그럼에도 불구하고 초점은 내용 그 자체가 아닌 행동의 결과에 둔다.

양쪽 모델에서 C는 관련된 결과를 의미하지만, 관련된 결과가 무언지는 각각의 모델마다 다르다. 인지이론에서 보면, 특정 신념을 갖고 선행사건에 반응할 때 나타나는 정서적-행동적 결과물에 중점을 둔다. 내담자는 파티에 가지 않고 집에 머무르는 행동뿐만 아니라 깊은 우울증에 이르게 한 "나는 실패자다."라는 신념을 수정해 볼 기회도 없이 유지하는 방법을 배우게 된다. 행동이론에서 보면, 모임에 가지 않는 행동을 유지 그리고 강화 기능을 하는 결과물로 중점을 둔다. 이 예시에서 보면, 집에 머무르는 행동은 모임에 참석하려는 생각이 불러일으키는 불안감을 성공적으로 제거할 수 있었고, 미래의 유사한 상황에서 이러한 행동을 강화(부적 강화)해서 그러한 선택을 하게 만들 것이다. 요컨대, 인지이론은 특정 상황에서 특정 신념으로 인해 발생하는 정서적-행동적 결과물을 확인하도록 돕고, 내담자로 하여금 다른 결과물을 이끌어 낼 수 있는 새로운 신념으로 수정하도록 노력할 것이다. 행동이론은 문제가 되는 선행사건-행동-결과(ABC)의 관계를 확인하도록 노력하고, 잠재적으로 세 가지 변수를 조작하는 시도를 하게 된다.

행동적 ABC 모델의 몇 가지 추가적 예제가 도움이 될 것이다.

- Joe처럼 우울하고 대인관계에 불안해하지만, Joe와는 달리 모임에 실제로 참여(A)하는 Sarah를 생각해 보자. 모임에서 Sarah는 소파에 앉아서 사교를 위한 약간의 노력(B)을 기울인다. 이 행동은 일시적으로 사회적 상호작용의 스트레스를 피할 수 있을 것이고(C), 기능적으로는 아예 모임에 가지 않는 것과 동등할 것이다. 모임에 가지 않는 것과 모임에 가서 어울리지 않는 것은 모두 회피행동의 일종으로 분류할 수 있다. 비슷한 예로, Sarah는 모임을 일찍 떠날 수 있으며(B), 그렇게 함으로써 모임에서 경험하는 스트레스에서 벗어날 수 있는데(C), 이는 또 다른 형태의 회피행동이 된다. 이러

한 결과물은 최소한의 어울림이나 일찍 모임을 떠나는 행동
에 상응하는 행동을 부적으로 강화한다.

- Terry는 그의 조세 문제를 완료해야 한다. 4월 중순이 다가
  오면서 그는 불안과 스트레스가 증가하는 것(A)을 경험하고
  있다. 이에 대한 반응으로, Terry는 서류 작업을 정리하고
  재정리하는 데 몇 시간을 소비한다. 그러나 정작 서류 작업
  을 시작하지는 못한다(B). 그러한 행동은 세금과 관련된 스
  트레스를 일시적으로 감소시키는 정도의 회피로 여겨진다.
  왜냐하면 그가 무슨 일인가를 하고 있는 것(혹은 자신을 안심
  시킬 수 있음)으로써 실제로 서류의 완성을 시도할 때 발생
  할 불안감과 스트레스를 성공적으로 회피할 수 있기 때문이
  다. 다시 말해, 그 행동은 부적으로 강화된다.

- 일과 씨름해 왔지만, 상사로부터 부정적인 피드백을 받아서
  (A) 우울증을 경험하고 있는 Patrick을 생각해 보자. 그날 저
  녁, Patrick은 일 때문에 얼마나 그가 압도된 감정을 느끼고
  있는지, 그리고 그가 얼마나 지쳤는지 아내에게 불평한다. 그
  의 아내는 동정과 지지를 보내며 열심히 경청한다. 또한, 보
  통 함께 하는 일임에도 불구하고 혼자 저녁을 차리고 그 후
  설거지를 한다(C). 고의는 아니지만, 도움을 주려는 노력 가운
  데 Patrick의 아내는 그의 불평을 강화해 줄 수 있었고, 앞으
  로 Patrick이 더 많이 불평하게 만들 것이다. Patrick의 아내
  가 보여 준 동정심, 지지, 친절하게 대하려는 노력은 Patrick
  의 불평을 정적으로 강화해 왔다. 이 사례에서, 개입은 신중

해야 한다. 우리는 행동활성화치료를 통해 배우자가 매정하게 변하는 것을 원하는 것은 아니다. 그러나 우리는 우울한 행동을 강화시키지 않는 동정심의 표현을 강화해야 한다.

하나의 수반성에서 행동 또는 결과물이 다음에는 선행사건이 될 수 있음을 명심해야 한다. 선행사건, 행동 그리고 결과물은 분석의 목적에 따라 뒤바뀔 수 있다. 실제로, 우리는 오랫동안 서로 얽혀져서 밀접하게 중복되는 기능적 관계의 흐름에 대해 이야기하고 있다. 앞의 Patrick과 그의 부인의 예시를 고려해 보자. 그의 부인이 설거지를 대신 해 주는 일로 Patrick의 불평을 강화할 수 있는 반면, Patrick의 불평행동은 결과적으로 그의 부인이 설거지를 하고 청소하는 행위의 선행사건이 될 수 있다. 접시를 닦고 청소하는 행위는 Patrick이 하는 불평행위의 일시적 감소에 의해 부적으로 강화될 수도 있다. Patrick과 그의 아내 모두 알아차리지 못하는 것은, 즉각적인 결과물에 의해 유지되는 악순환에 사로잡혀 있다는 사실이다. 시간이 흐르면서 수반성은 강화되고 문제들은 더욱 단단히 자리 잡을 것이다.

행동활성화치료에서 기능적 평가를 수행하는 방법

교육을 잘 받은 행동분석가인 독자를 위해, 행동활성화치료에서 사용되는 기능적 평가와 공식적 기능 분석은 반드시 구분되어야 한다. 기관이나 학교, 다른 통제된 장면에 고용되어 이루어지는 공식적 기능 분석은 맥락 내 행동의 기능을 확신을 갖고 결정하기 위해 특정한 맥락 안에서 관심행동의 빈도를 기록하면서 체계적으로 결과물을 조작하게 된다(Iwata, Kahng, Wallace, & Lindberg, 2000). 그러한 공식적인 기능 분석은 성인 외래환자를 대상으로는 가능하지 않다. 왜냐하면 관심행동이 환자의 일상생활에서 종종 발생하고, 잠재적 통제 변수가 임상가의 통제하에 관리되지 못하기 때문이다. 행동활성화치료는 입원환자 환경에서 적용될 수 있으며, 관계자들은 이러한 공식적 분석을 수행하기 위해 수련받을 수도 있다.

외래환자 환경에서는 가능한 한 정확하게 행동적 기능에 대한 가설을 만드는 것이 중요하다. 치료자는 환자의 자기보고서와 회기 중 행동 관찰을 포함해야 유용한 자료를 가지고 일을 하게 된다. 추가적으로, 배우자나 가족 구성원을 회기에 참여시켜서 부가적 정보를 얻을 수도 있다. 치료자는 환자나 관계자에게 특정 행동에 대해서 세부적인 질문을 하는 것을 통해, 환자의 병리와 관련된 행동의 선행사건과 결과물을 가능한 한 명확하게 분석하게 된다. 이때 환자의 자기보고가 갖는 제한점을 명심해야 하고, 행동 기능에 대한 가설을 반복적으로 수정해야 한다. 치료자는 관련된 조작적 기능의 관계를 규명하기 위해서, 환자의 진술 내용 이상의 것을 볼 수 있도록 지속적으로 노력해야 한다.

기능적 분석의 광범위한 정의를 설명하기 위해, Skinner(1953)는 "행동의 외부 변수를 산출하는 어떤 과정이라도 기능이자 기능적 분석이다."(p. 35)라고 강조하였다. 행동활성화치료뿐만 아니라, 변증법적 행동치료(Dialectical Behavior Therapy:

DBT), 기능분석심리치료(Functional Analytic Psychotherapy: FAP; Kohlenberg & Tsai, 1991), 그리고 심리치료의 인지행동적 분석시스템(McCullough, 2000) 등과 같은 몇몇 다른 행동주의 심리치료들도 이러한 간접적 기능 분석을 사용한다.

　이 책의 2부에서 논의될 테지만, 우리가 소개하는 현재 버전의 행동활성화치료는 선행사건, 행동, 결과물, 또는 복합적 변수에 어떻게 주목할지를 결정하는 간접적 기능 분석 전략을 제공할 것이다. 이러한 평가는 특정적으로 목표된 개입 전략에 따라 진행된다. 선행사건은 자극통제 개입을 통해 더욱 자세히 기술된다. 행동은 일반적으로 활성화 과제와 기술 훈련을 통해 목표가 설정된다. 마지막으로, 결과물은 계약과도 같은 수반성 관리 절차를 통해, 또는 마음챙김 개입이나 가치의 인식을 통해 다루어지게 되는데, 수반성과 가치의 인식 등은 개인으로 하여금 결과물의 활성화를 돕거나 행동을 종결하도록 돕는다.

06

정적 강화의 편재성

보통 사람에게 정적 강화물은 보상이다. 등을 토닥여 주기, "잘했어."라는 말, 사탕 한 조각, 성탄절 보너스 등이 해당한다. 결과물이 행동을 결정짓는 중요한 역할을 한다는 것을 행동주의자가 주장할 때, 일반적인 사람은 "물론 보상은 행동을 결정지을 때 종종 중요하지만, 대부분의 경우는 그렇지 않아요. 결국 내가 행하는 대부분의 일은 전혀 보상받지 못했어요."라고 대답한다. 강화의 개념이 보상과 비슷한 뜻을 갖는다면, 행동주의자들의 말처럼 인간 행동에 있어서 강화가 그렇게 중요하다는 사실을 이해하기는 어렵다. 이제 우리는 보상으로서의 강화보다 더 폭넓은 강화의 정의를 소개한다(이 장에서 우리는 정적 강화에 집중한다. 부적 강화와 처벌은 다음 장에서 논의한다).

강화물이란, 어떤 특정 행동에 뒤따라 나오면서 그 행동이 다시 발생할 확률을 높이는 결과물로 정의된다. 이 정의에서 가장 중요한 측면은, 만일 행동의 발생 비율을 증가시킨다면 어떤 것이라도 강화물로서의 기능을 한다는 사실이다(예: 강화는 기능적인 측면에서 정의된다). 필요로 하는 조건은 오직 강화 기능을 하는 행동에 뒤따르는(수반되는) 변화뿐이다. 이러한 변화는 칭찬, 혹은 사탕을 받는 것이 될 수 있다. 그러나 많은 경우, 눈에 띄지 않는 변화가 많다. 두 가지 기본적인 예로 걷기와 숨쉬기를 고려해 보자.

걷기는 강화에 의해 유지되는가? 만일 강화가 "잘했어." 또는 사탕을 받는 것 등 보상의 개념으로만 설명된다면, 어떻게 강화가 적용되는지 이해하기 어렵다. 분명한 것은 아니지만, 한 살 전후에 우리가 자신 없는 첫걸음을 내디뎠을 때, 우리의 부모들은 그러한 보상을 제공해 주었을지도 모른다. 그리고 그 후 곧바로 그러한 보상들은 더는 주어지지 않았다. 만일 보상의 개념에서 더 나아가 강화가 폭넓게 정의된다면, 걷기를 위해 얼마나 기본적인 강화가 주어지는지, 그리고 만일 이러한 강화를 제공하지 않는다면 어떻게 걷기가 중단되는지 명백히 알 수 있다. 걷기에 의해 제공되는 즉각적이고 신뢰할 만한 환경적 변화를 생각해 보자. 각각의 걸음은 새로운 환경과 조망을 제공하며, 가고자 하는 곳으로 한 발 더 가깝게 이동시켜 준다. 간단히 말해서, A지점에서 B지점까지 걷는 것에 대한 강화물은 B지점에 도달하는 것에 있다. A지점에서 B지점까지 각각의 걸음에 대한 강화물은 B지점에 한 걸음씩 더 가까워지는 데 있다.

만일 걷기를 통해 당신에게 득이 될 게 없다면, 당신이 얼마나 계속 걸을 수 있는지 생각해 보자. 당신이 걸음을 멈추고 발밑을 바라보고 다음과 같은 질문을 던지기까지 얼마나 걸릴까? "무엇이 잘못된 거야? 지금까지 그렇게 오랫동안 신뢰 있게 제공되었던 강화물이 어째서 갑작스럽게 더는 주어지지 않는 거야?"

숨쉬기도 유사하다. 한편으로 숨쉬기는 명백히 자동적이며, 생리적인 과정이다. 그것은 논란의 여지가 없었다. 그렇지만 행동주의자에게 있어서 숨쉬기는 강화물에 의해 강하게 통제받는 과정이다. 모든 강화물과 마찬가지로, 질문의 초점은 숨쉬기때문에 어떤 변화가 생성되는지, 그리고 만일 숨쉬기가 그러한 변화의 생산을 중단한다면 숨쉬기를 멈춰야 하는지에 놓여 있다. 물론 숨쉬기는 폐에 필요로 하는 산소를 공급하는 기능을 한다. 따라서 산소는 숨쉬기를 유지하는 강화물이라고 말할 수 있다. 숨 쉬는 행동과 산소의 결과물 사이의 관계는 일반적으로 완벽하다. 우리가 숨을 쉬면 확실하게 몸에 신선한 산소를 제공한다. 숨쉬기가 이러한 결과물을 생산하지 못할 때 우리가 얼마나 빨리 숨쉬기를 멈추는지 생각해 보면 이것에 대한 의심은 사라진다. 예를 들어, 숨쉬기를 통해 산소를 얻는 대신 물, 담배, 혹은 다른 물질을 섭취하게 하는 결과가 초래되면, 우리는 즉시 숨쉬기를 멈추고 신선한 산소를 찾는 시도를 하게 된다.

걷기와 숨쉬기의 두 가지 사례에서, 어떤 강화를 통해 행동을 만들어 내는지 그 과정을 기억하기는 어렵다. 숨쉬기에서 행동은 즉각적으로 발생하고 즉각적으로 강화를 생산해 내지만, 걷기에서는 행동을 만들어 내는 과정이 반복을 거쳐서 이루어진다. 두 가지 사례에서 비록 행동을 만들어 가는 과정이 서로 다르고 그들 중 어느 한쪽은 우리가 기억하지 못한다 해도, 강화의 필수적 역할은 만일 강화의 발생이 중단된다면 행동에 무슨 일이 일어날지 우리가 생각해 볼 때 명확해진다.

강화의 시기

강화하고자 하는 행동에 강화물이 시·공간적으로 더 가까워 질수록 강화물이 좀 더 효과적일 수 있다는 사실은 강화에 있어서 기본적인 측면이다. 걷기와 숨쉬기는 최고의 예시다. 이들은 이례적으로 강력하고 신뢰 있는 행동이며, 이러한 강도와 신뢰성은 분명 강화의 즉시성에 의해 얻어진 것이다. 강화의 즉시성이 갖는 효력은 집에서 강아지를 훈련하는 사람에게 익숙하다. 당신은 강아지가 신문지에 용변을 보는 것을 성공하는 순간과 실패하는 순간을 잘 활용할 필요가 있음을 알고 있다. 밤에 강아지를 홀로 내버려 두고 더럽혀진 카펫을 본 후 문제행동이 수시간이 지나고 나서야 강아지를 꾸짖는다면, 훈련을 시킨 강아지와 비교해 볼 때, 강아지를 그저 혼란스럽게 만드는 결과를 초래할 것이다.

이 사안은 임상적으로 매우 중요한데, 바람직한 장기적 결과물보다는 단지 단기적 결과물이라는 이유로 바람직하지 않은 것(가치와 인생목표의 면에서)에 의해 지배되는 내담자의 행동 사례가 상당히 빈번하다. 약물남용은 가장 명백한 예시다. 헤로인 중독자 또는 흡연자는 약물 사용이 자신의 수명을 단축한다(장기적 결과물)는 사실을 알고 있다. 그러나 단기적으로만 도움이 되고 부적으로 강화되는 약물 효과는 너무나 강력하다. 직접 정맥에

투여하는 헤로인 사용과 니코틴 흡입의 즉각적인 안도감은 다른 대립하는 수반성을 지배해 버린다. 행동활성화치료에서, 장기적 결과물의 중요성과 강력함을 증가시키고 단기적 결과물의 영향력을 감소시키기 위해 고안된 특정 개입방법은 종종 행동 선택에 영향을 미친다.

강화 계획

또 다른 중요한 개념은 **강화 계획**인데, 이것은 걷기와 숨쉬기로 설명 가능하다. 대부분의 경우, 걷기와 숨쉬기를 유도하는 강화물은 고정비율로 제공된다. 즉, 강화물은 고정된(미리 결정된) 횟수의 행동이 발생한 후에 제공된다. 대부분 임상적으로 흥미 있는 행동은 고정비율 계획에 의해 지속되지 않는다. 사실 고정비율 계획에서 자연적으로 발생하는 예시는 찾기가 어렵다. 대신, 고정비율 계획은 종종 사람에 의해 특별히 만들어진다. 예를 들어, 입원환자가 다섯 번의 성공적인 대인관계 상호작용 시 토큰을 얻는 것 혹은 판매원이 매 50개 판매 시마다 보너스를 받게 되는 것이 있다.

대부분의 임상적으로 흥미 있는 행동은 **변동비율** 계획에 의해 유지된다. 변동비율 계획은 고정된 수의 반응 후에 강화물이 신뢰 있게 제공되지 않을 때 발생한다. 대신에 요구되는 반응 횟수는 쉽게 달라진다. 정해진 행동의 수가 때로 강화물을 생성하고, 때로는 생성하지 않는다. 이런 상황에서는, 강화물이 생성되기 전에 반드시 발생하는 반응의 평균 횟수를 고려하는 것이 유용하다. 그리고 이 평균 횟수는 특정 상황에서 강화물이 생성되기 위해 평균적으로 얼마나 많은 작업을 필요로 하는지 묘사하기 위해 보고된다. 예를 들어, 10 변동비율 계획은 5 변동비율 계획보다 동일한 수의 강화물을 얻기 위해 두 배의 작업이 요구됨을 의미한다. 예를 들면, 매우 사교적인 기술이 있는 사람이 평균적으로 전화번호를 얻기 위해서는 술집에서 5명의 여자에게 접근하는 것이 필요한 반면, 덜 사교적인 기술이 있는 남자는 평균적으로 전화번호를 얻기 위해 10명의 여자에게 접근하는 것이 필요할 것이다. 두 사람에게 강화 계획은 가변적이다. 두 사람이 전화번호를 얻기 위해 각각 정확히 5명과 10명의 여자에게 접근할 것이 요구되지는 않는다. 그러나 장기간 반복되면 이 비율이 유지될 것이다.

변동비율 계획의 핵심적인 함의는 다음과 같다. 신뢰 있게 발생이 지속되는 행동을 위해서는 행동의 발생을 계속 강화할 필요가 없다. 중요한 것은 강화 자체가 아니라 강화 계획이다. 즉, 과거 그 행동이 발생한 강화의 패턴이 중요하다는 것이다. 다른 말로 한다면, 우리는 미래의 특정 강화물을 획득하기 위해서 행동에 관여하지 않는다. 대신, 과거의 특정 강화물 패턴을 보였기 때문에 우리는 그 행동에 관여한다.

강화의 세기

마지막 중요한 점은, 강화물의 세기가 크면 클수록 행동을 유지하기 위해 강화물이 발생할 필요가 더 적어진다는 점이다. 당신이 어느 거리를 걸어 내려온다고 상상해 보자. 당신은 우연히 아래를 내려보다가 동전을 발견한다. 동전은 오늘날 세상에서 매우 작은 강화물이다. 다음에 그 거리를 걸어 내려올 때, 당신은 그 동전을 망각할 것이고 같은 지점을 내려다보지 않을 것이다. 다른 상황으로 이번에는 당신이 그 거리를 걸어 내려오는데, 아래를 보니 매우 큰 강화물에 해당하는 1,000달러 지폐가 있는 것을 상상해 보라. 다음에 그 거리를 걸어 내려올 때, 당신은 분명히 아래를 볼 것이다. 절대로 또 다른 1,000달러 지폐를 발견하지 못한다 해도 당신이 거리를 걸어 내려오면서 얼마나 많이 아래를 내려다볼 것인가? 아마도 상당히 많은 횟수이리라.

강화의 편재성

우리가 우리의 삶에서 필연적으로 정적 강화를 인식하지 못할지라도, 정적 강화는 필수적이다. 강화는 다양한 형태를 띨 수 있다. 토큰, 칭찬, 사탕 같은 고전적인 보상은 강화의 역할을 한다. 기본적인 행동 과정을 살펴보면, 음식, 산소, 햇빛 그리고 촉감적이고 성적인 자극 같은 기본적이고 자연발생적인 강화물에도 강화된다. 환경에서 이루어지는 모든 종류의 작용은 그 작용의 성공으로 강화된다. 문손잡이를 돌려서 문 열기, 열쇠를 돌려 시동 걸기, 상대편에게 음성을 들려주어 전화에 응답하기 등의 사회적 강화는 우리의 목적상 특히 중요하다. 간단히 말해, 우리는 정교한 방법과 정교하지 않은 방법 모두를 사용해서, 끊임없이 서로 사교적으로 강화하고 관계를 형성한다. 정교하게 사회적으로 강화하는 반응에는 신체적으로 근접을 유지하는 것(앞으로 기대기, 관심을 나타내기 위해 한 걸음 다가가기), 더 많이 질문하기, 더 많은 눈 맞춤 시도하기, 열린 자세 갖기, 더 많이 웃고 끄덕이기 등이 포함될 수 있다. 행동활성화치료에서 내담자는 사회적 강화에 접촉하기 위해 자극받고, 사회적 강화의 받아들임을 극대화하는 사교기술을 배울 수 있다.

07

인생의 의미

인생의 의미란 무엇인가? 행동활성화치료는 분명한 관점을 제시하고 있다. 왜냐하면 우리가 이미 논의해 왔던 것처럼 행동주의자에게 의미는 행동의 맥락 속에서, 특히 행동의 결과물로 보이기 때문이다. 따라서 행동활성화치료에 의하면 의미 있는 인생은 다양하고 안정적인 정적 강화의 원천으로 가득 찬 인생이다. 결국, 우울한 인생은 다양하고 안정적인 정적 강화의 원천과 접촉이 제한된 인생이다. 의미 없는 인생인 셈이다. 다양하고 안정적인 조건은 중요하며, 뒤에서 정교하게 묘사될 것이다.

다양성은 모든 달걀을 한 바구니에 담지 말라고 조언한다. 만일 어떤 강화물이 소실되었을 경우 다른 강화물이 계속해서 우울증에 대한 보호 요인으로서 기능을 대체할 수 있기 때문이다. 우울증에 대한 두 가지 주요 위험 요인인 배우자 상실과 은퇴를 고려해보자. Joan이 미망인이 되었을 때, 친구, 형제자매, 아이, 손자 같은 사회적 지지가 존재했다는 사실은 Joan에게 매우 중요했다.

그러한 지지는 Joan이 배우자를 상실했을 때의 감정으로부터 완전히 빠져나오도록 도움을 주지는 못했지만, 그녀가 깊은 비통한 감정이나 우울증의 소용돌이 속으로 빠지지 않도록 돕고, 그녀의 애도 과정이 대안적인 사회적 강화물의 맥락에서 이루어지도록 도움을 주었다. 마찬가지로, Patrick이 길고도 성공적이었던 자신의 경력에서 은퇴했을 때, 그에게 대안적인 강화의 행동이 가용했던 사실은 매우 중요했다. Patrick은 열렬히 원했던 조류 관찰자가 되었고, 그의 아이 그리고 손자와 많은 시간을 보냈으며, 지역에서 운영되던 동식물원에서 자원봉사를 시작했다. Patrick은 그의 경력 최고점에서의 성취감을 다시 경험하지는 못했지만, 의미 있는 강화 대체물을 찾았기 때문에 우울증의 소용돌이에 빠지는 것을 막을 수 있었고, 그는 만족했다.

안정성의 측면에서 보면, 모든 정적 강화물이 동일하지 않다. 잠재적인 정적 강화물로서 매우 강력한 헤로인을 고려해 보자. 만일 인생의 의미에 대한 정의를 정적 강화물과의 접촉으로 본다면 헤로인은 왜 안 되는가? 헤로인의 한 가지 문제점은 그것의 강화 속성이 안정적이지 않다는 것이다. 헤로인의 경우, 강화 효과는 지속되지 못하고, 금단 증상이 수반되며, 반복되면 동일한 강화 효과를 얻기 위해 더 많은 복용량이 필요해진다. 첫 번째 사용에서 매우 강력한 정적 강화를 제공해 주었던 사용량이, 50번의 사용 후에는 유의미하게 적은 정적 강화의 효과를 제공하게 된다 (또한 50번째 사용은 금단 증상을 덜어 줌으로써 잠재적인 부적 강화를 야기할 것이다). 물론 이것은 내성의 정의에 해당한다.

안정성의 문제가 화학적 강화물에 제한된 것은 아니다. 사실, 이전의 많은 강화자극은 만족과 습관화와 같은 과정을 통해 시간이 흐를수록 강화의 효력이 줄어든다. 예를 들어, 관계의 초기에는 재미있었던 애인의 농담도 시간이 흘러 반복된 후에는 천박한 소리로 들리기 시작한다. 마찬가지로, 성적 매력도 친근해지면 퇴색하고, 커플의 성생활도 반복 후에는 일상이 되며 지루해진다. 이러한 상황처럼, 강화의 요소가 현재 환경에서 여전히 존재함에도 불구하고, 그 사건의 강화 속성이 변화되어 강화물의 효력이 상실되거나 약해진다(Kanter, Cautilli, Busch, & Baruch, 2005).

안정성의 측면에서 보면, 한 번의 정적 강화가 행동활성화치료에 있어 특별히 중요하지 않음을 명백히 보여 준다. 예를 들어, 가족에게서 떨어지고, 새로운 도시에 친구가 많지 않기 때문에 우울해질 수 있는 내담자가 있다. 그녀의 고향에 가서 가족을 만나게 하는 활성화 과제를 생각해 보자. 그러한 여행에 잘못된 것이 없음에도 불구하고, 그것은 강화의 안정적인 원천이 아닌 단회성 강화 사건이 될 뿐이다. 더 효율적인 활성화 과제로는 새로운 도시에서 친구를 만드는 것 혹은 정기적이고 반복적인 계획으로 가족을 방문하는 것을 들 수 있다.

한 가지 일에 대해서만 추구하는 열정이 좌절될 필요는 없다. 어떤 예술가는 수많은 다른 강화 사건을 포기하고서, 자신의 일생을 예술에 헌신할 수 있다. 한 가지만을 추구하는 헌신이 문제가 아니라, 그러한 과정 내에서 다양하고 안정적인 강화가 가능한지가 문제가 된다. 만일 그 행동이 열렬한 찬사에 대한 욕구혹은 독립되고 안정적이지 않은 강화물에 의해 전적으로 통제된다면, 우리는 예술적 노력에 대한 강한 헌신을 장려하지 않을 것이다. 그러나 예술가는 초기 구상에서부터, 아이디어를 예술적실체로 변환하는 과정, 다양한 예술적 도구의 사용, 미술품을 대중에게 전시하는 기쁨, 다른 예술가와의 소통과 배움을 포함하는 전체 예술 과정에서 자극받을 수 있고 강화될 수 있다.

일반적으로, 행동활성화치료의 목적은 독립된 강화 사건이 아닌, 정적 강화의 다양하고 안정적인 원천과의 끊임 없는 접촉을일상생활 속에서 도와주려는 것이다. 비결은 환경 속에서 다양하고 안정된 강화 요소를 찾아내고 접촉하게 하는 것이다. 예를들어, 상대방이 유쾌하고 성적으로 매력적이기 때문에 커플 중한 사람이 일방적으로 상대방에게 매혹되었던 관계에서는 다양성도 안정성도 보이지 않는다. 이러한 관계는 신뢰성, 친밀한 관계, 상호 이해, 가치 공유, 공유된 경험과 기억의 누적 등 더 다양하고 더 안정적인 강화 요소에 의해 통제되지 않는다면 장기적으로 유지될 확률이 낮다.

유희의 문제

행동활성화치료에 따르면, 다양하고 안정적인 정적 강화의 원천과 접촉하는 것이 중요한 이유는, 그것이 다양하고 안정적인즐거운 경험을 야기해서가 아니고, 심리적으로 건강하고 개인적으로 의미 있는(즉, 개개인의 도덕과 가치에 연결되는) 다양하고도 안정적인 행동의 목록을 생성하기 때문이다. 달리 말해, 행동활성화치료에 따르면 인생의 의미는 유희를 위한 쾌락주의적 탐색이 아니다. 강화는 행동의 빈도를 증가시킨다는 점이 중요하다. 따라서 우리에게 중요한 것은 발생 빈도를 높이고 싶어 하는 행동목록이 무엇인가 하는 점이다.

강화와 유희 사이의 차이는 행동활성화치료에 대한 초기 역사에서 언급되었다. 예를 들어, 인지치료에서 언급된 활동 계획에서는 그 활동의 숙달 정도와 유희의 정도에 대해 내담자가 평정하도록 되어 있다. 숙달 정도는 그 활동을 수행했을 때의 성취감을 나타내는 반면, 유희의 정도는 그 행동과 관련된 즐거운 감정을 나타낸다(Beck et al., 1979). 두 가지 모두 활동 계획에 있어 중요하며, 숙달된 행동(예: 싱크대 고치기)이 즐겁지 않을 수 있다는 점과 즐거운 행동(예: 마사지 받기)이 성취감의 경험으로 연결되지 않을 수 있다는 점에서 전적으로 독립적일 것이다.

가치의 역할

행동주의의 전통적인 관점이 아님에도 불구하고, 가치는 Steve Hayes와 동료들의 수용마음챙김치료(Acceptance and Commitment Therapy: ACT; Hayes, Strosahl, & Wilson, 1999)에 관한 저서를 통해 현대 행동이론에 도입되었다. 이 저자들은 자신의 가치관을 언어적으로 표현하는 것을 강조하고, 이러한 표현에 대해 "전반적으로 갈망하는 삶의 결과물을 언어적으로 표현하는 것"(p. 206)이라고 정의했다. 궁극적인 가치와 행동을 연결하는 것만을 통해서도 행동은 자동적으로 강화될 수 있고, 매우 강하게 대립하는 단기 수반성에도 불구하고 행동이 유지될 수 있다. 마라톤에서 경쟁하는 것을 가치로 여기는 개인은 뛰는 것을 포기해 버릴 수 있는 다수의 회피적 자극에도 불구하고 뛰는 것을 지속할 수 있다. 행동활성화치료에서 인생은 마라톤과 같다.

안정적인 강화를 생성함으로써 행동활성화치료에 포함되는 행동목록을 결정하는 과정에서 가치는 중요한 고려 대상이 된다. 가치를 언어로 표현함으로써, 현재의 행동과 장기적인 결과물 사이의 관계는 분명해지고, 대립하는 즉각적인 결과물에도 불구하고 장기적인 결과물이 행동에 영향을 미칠 수 있도록 돕는다. 예를 들어, "나는 좋은 아버지가 되는 것에 가치를 둔다."라고 말하는 것은 좋은 아버지가 되는 것과 관련 있는 행동(예: 아이들과 함께 시간 보내기)에 대한 설명이며, 비록 그 경험이 즉각적으로 강화되지 않음(예: 아이들이 아버지의 노력을 감사히 여기지 않음)에도 불구하고 궁극적으로는 강화되는 것을 경험할 수 있을 것이다.

누군가의 가치란 그 사람의 복잡한 역사의 산물이다. 무엇에 가치를 두고 있는지 확인하고, 그러한 가치와 일관된 행동을 유발하는 환경을 마련해 주는 것이 중요하다. 풍요롭고 의미 있는 삶을 만드는 데 있어서 수반성이 나머지 역할을 담당해 줄 것이다. 따라서 행동활성화치료의 핵심은 정적 강화의 다양하고 안정적인 원천과 접촉할 수 있도록 내담자에게 단순한 과제를 활성화하는 것이다. 유희적 경험을 우선시(사실, 많은 활성화 과제가 꽤 즐겁지 않다)하는 것이 아니라, 가치와 목표에 따라 유도된 기능적인 과제물을 활성화시키는 것이 비결이다. 행동활성화치료는 단순히 가능한 많은 유희적 행동을 계획하지는 않는다. 대신 내담자에게 간단한 일련의 질문을 한다. 당신은 인생에서 무엇을 원합니까? 당신은 얼마나 오랫동안 이러한 목표를 포기해 왔나요? 겁이 나고 절망적이어서 포기하거나 회피했던 행동은 무엇인가요? 당신은 스스로를 어떻게 자극해서 당신 삶에 의미와 목표를 불어넣을 수 있을까요?

08

우울증과 정적 강화

만일 인생의 의미가 다양하고 안정적인 정적 강화의 원천과 접촉하는 것이라면, 인생은 그런 접촉이 상실되었을 때 의미를 상실한다. 행동활성화치료에서 우울증은 다양하고 안정적인 정적 강화의 원천과 접촉을 만들어 내지 못하는 환경적 결과로 보이며, 그러한 결과에 이르는 경로는 많다. 이 장에서 우리는 정적 강화를 소실하게 되는 주요 과정을 논의할 것이다. 우울증을 문자 그대로 해석해 보면 행동이 짓눌리거나 혹은 위축되는 것으로 해석할 수 있는데, 병리적으로 어떤 특징이 있는지 확인하기에 비교적 쉬운 방법이 될 수 있다.

정적 강화의 소실

6장에서 우리가 주장했던 것처럼, 행동을 강화하는 것을 확인하는 가장 쉬운 방법은, 가설을 세운 강화물을 제거하고 무슨 일이 일어나는지 확인하는 것이다. 특정한 행동을 위한 강화물이 제거되면, 행동 빈도가 줄고 궁극적으로는 멈추게 된다. 기술적으로, 이것은 소거라고 알려져 있다. 강화가 제거되었을 때 행동이 줄어든다는 단순한 사실은, 행동분석에서 가장 확실하게 확립된 것 중의 하나다. 그러한 사실은 초파리, 쥐, 돼지, 원숭이, 코끼리, 돌고래 그리고 인간에게서 확인된다.

예를 들어, 친구와 함께 가는 모임이 있는데 어느 날 친구가 이사를 가 버렸다면 남은 친구는 모임에 나가는 것을 그만둘 수도 있다. 모임은 아직도 존재하지만 가장 중요한 강화 요소가 존재하지 않는다. 만일 세탁기가 고장 났다면 누군가는 세탁기에 옷을 집어넣는 일을 그만둘 것이며, 만일 차가 움직이지 않는다면 누군가는 자동차에 시동 거는 일을 그만둘 것이다. 이것은 명확한 예시임과 동시에 본질적인 면에서 핵심이 되는 부분이다. 우리는 종종 정적 강화물을 당연하게 여기는데, 그들이 제거된 후 강화물과 수반성을 지닌 행동이 소거된 것을 확인하게 될 때, 비로소 우리 행동에 대한 강화물의 영향력을 인지하게 된다.

행동이 소거되는 비율은 행동을 유지해 온 강화계획에 의해 어느 정도 영향을 받는다. 강화 비율이 매우 높은 강화계획에 의해 유지되는 행동(예: 걷기와 숨쉬기)은 강화가 소멸한 후 대부분 즉시 사라진다. 과거 그 행동에 신뢰 있게 수반되었던 강화물이 있었고, 맥락상 강화물이 사라지면 그 대비 효과가 확실하므로 그렇다. 강화 비율이 매우 낮은 강화계획에 의해 유지되는 행동(예: 100번의 행동에 1번 비율로 강화됨)은 강화의 감소가 눈에 띄거나 그 영향력을 소멸하기 이전에 매우 많은 행동이 소요되기 때문에 소거시키기가 극히 어렵다.

이것은 특히 강화물이 드물게 발생하고(예: 강화 비율이 낮은 강화계획), 강화물을 예측하기 어려울 때(예: 변동계획)에 특별히 잘 적용된다. 조류 관찰자는 매우 드물고 예측하기 어려운 새들을 최종적으로 목격했던 것에 강화되어, 쌍안경을 통해 바라보는 일에 수많은 시간을 보낸다. 도박사는 드물고 예측 불가능한 수익에 강화되어, 수백만 달러를 슬롯머신에 쏟아붓는다. 한 여성은 거의 드물고 예측 불가능한 사랑과 매력의 표현에 강화되어, 학대적인 남자와 관계를 유지한다.

정적 강화가 제거되면 어떤 기분일까

정적 강화물이 상실될 때, 행동의 소거에 부가되어 중요한 일이 발생한다. 간단히 말해, 정적 강화물이 상실될 때 사람들은 기분이 나빠진다.

정적 강화와 접촉하는 사례가 항상 긍정적인 감정적 반응을 야기하는 것은 아니지만, 안정적으로 제공되던 정적 강화물이 제거되면 대부분 부정적인 정서 반응을 불러일으키게 된다. 예를 들어, 문손잡이를 돌리고 문을 여는 것(긍정적 강화와의 접촉)이 기분을 좋게 만들지는 않지만, 같은 문손잡이를 돌리고 문이 더는 열리지 않음을 알게 되는 것은 부정적인 정서 반응(혼란이나 좌절감)을 야기할 것이다. 마찬가지로, 공기를 들이마시는 것이 기분을 좋게 만들지는 않지만, 숨을 쉬고 다른 물질을 받아들이게 되는 것은 공황과 불안을 야기할 것이다.

이러한 감정은 반응행동으로 여겨질 수 있다. 우리가 주목해야 할 사실은, 조작적 행동과 반응적 행동이 상호작용하며 종종 같은 환경적 선행사건에 의해 불러일으켜진다는 점이다. 특별히 우울증과 관련지어 살펴보면, 환경이 정적 강화의 감소 혹은 소멸을 가져올 때, 조작적 반응은 행동의 감소나 행동 수준을 낮추는 것이며, 반응적 행동은 좋지 못한 감정을 느끼게 되는 것이다.

우리는 흔히 "나는 기분이 나쁘다."라는 말을 사용한다. 실제 반응은, 슬프다, 좌절감을 느끼다, 화가 나다, 절망적이다, 침울하다, 침체되다, 우울하다 등 더 구체적으로 표현될 수 있다. 우리가 이러한 반응에 이름을 붙이는 방법과 대상은, 문화적인 기준뿐 아니라 개개인의 과거 학습에 달려 있다. 그러므로 사용된 표현이 상당히 다양할 수 있다. 표현의 기저에는 실제 경험이 놓여 있다. 슬픔이란 표현은, 우울을 경험한 것과 가장 가깝게 연결될 수 있다.

임상적 우울증의 모습들은 이혼, 실직, 혹은 타 도시로의 전출 같은 상실 경험으로 인한 것이라는 사실이 명백히 밝혀졌다(Kessler, 1997). 그리고 이것은 정적 강화의 상실로서 해석될 수 있다(참조: Horwitz, Wakefield, & Spitzer, 2007). 정적 강화의 상실이 조작적으로 행동의 감소를 수반하고 반응적으로 정서 반응을 이끌어 낸다는 현재의 이론은, 우울증의 사례를 설명하는 데 충분할 것이다. 주요 우울증 삽화의 증상을 고려해 보면, 우울한 기분, 흥미나 즐거움 상실, 식욕의 감소, 수면 이상, 더딘 행동, 피로와 활력의 상실, 자존감 상실, 집중력 또는 주의 상실 등을 포함한다. 이러한 증상의 목록을 살펴보면, 몇몇 중요한 분류의 행동이 전반적으로 감소한 것으로 기술될 수 있다. 이러한 행동에는 인지적 행동들(예: 식욕의 감소는 행동적으로 섭취행동이 줄어든 것을 말하며, 자존감 상실은 긍정적 자기평가의 행동이 줄어든 것을 말함)이 포함된다.

　하지만 이러한 증상이 언제나 상실로 인한 것이라고 주장하는 것은 아니며, 행동의 감소만으로 설명되기 어려운 우울 증상(예: 적게 먹는 대신에 과식하는 행동 증상)도 있다. 우울증을 설명하는 행동모델은 일부 우울행동에 부분적인 설명을 제공할 뿐이다. 특별히 상실 경험이 충분히 과중하고, 우울증의 행동적 핵심 특징이 전반적인 행동의 감소이며, 반응적 핵심 특징이 대개 슬픔이나 괴로움인 경우에 설명이 효율적일 수 있다.

　중요한 사실은, 이러한 반응이 정상적이고 적응적이며 인간적이라는 점이다. 사실, 이러한 반응은 진화를 통해 우리 시스템에 만들어진 것이며, 다른 사람으로부터 지지를 이끌어 내거나 문제 해결을 가능하게 하고 부가적이고 불필요한 갈등과 상실을 물리칠 수 있는 신호를 보내는 등 적응적인 기능으로서 역할을 한다(Kanter, Busch, Weeks, & Landes, 2008).

정적 강화에 영향을 미치는 세 가지 요소

　정적 강화를 직접적으로 상실하는 것만이 우울증의 유일한 경로가 아니며, 여러 경로 중 하나일 뿐이다. 정적 강화의 상실에 대한 간결한 설명은 Lewinsohn(1974)이 만든 우울증의 전통적 행동모델의 기반이 되었다. 그 모델에서는 정적 강화의 접촉을 유도하는 세 가지 요소를 강조했다.

첫 번째로, 그 사람을 강화하는 것은 무엇인가? 친구와 조용히 숲을 산책하는 것으로 강화되는 사람이 있는가 하면 반대로 친구와 밤에 번화가로 나가는 것에 강화되는 사람도 있다. 이것은 한 개인을 강화하는 것에 영향을 줄 수 있는 다양한 비행동적 요소가 존재한다는 사실인데, 이로 인해 행동적 모델을 상당히 포괄적이고 통합적이게 만들어 줄 수 있었다. 보상 민감성이나 인지 유형 등에서의 생물학적 차이가 개인의 강화 원천과 그 세기에 영향을 미칠 수 있다. 또한 이들은 행동적 모델과 비슷한 병적 소질-스트레스 모델에 있어서 우울증의 취약성을 의미한다.

두 번째로, 그 환경에서 강화가 가능한가? 만일 숲으로 조용하게 산책하러 가는 것이 잠재적인 강화라면, 그러한 산책이 정기적으로 일어날 수 있는 시골에 사는 사람인지 혹은 붐비는 도시 한가운데에서 사는 사람인지가 중요하다. 이 책을 통해 논의될 것처럼, 이 문제는 기본적인 행동활성화치료의 핵심에 해당된다. 치료자는 내담자가 정적 강화의 이용 가능한 원천과 접촉하도록 하기 위해서, 숲으로 산책하러 가기, 파티에 참석하기와 같은 간단한 활성화 과제를 활용한다. 점진적 개선을 위한 조성 방법에 대해서 고민해 오면서, 내담자를 성공적으로 활성화하는 방법에 대한 많은 전략과 고려사항이 행동활성화치료에서 개발되어 오랫동안 활용됐다.

세 번째로, 그 사람은 사용 가능한 강화를 획득하는 데 필요한 기술을 가지고 있는가? 많은 모임에 참석하는 것이 그 사람을 잠재적으로 강화한다면, 그리고 그 사람이 사람들로부터 초대받게 된다면, 그 사람은 재미있는 시간을 보내는 데 필요한 사교기술은 없지만 파티에 갈 가능성이 있을 것이다. 그 사람은 친구 관계를 유지하고 얻기 위해, 누군가에게 데이트를 신청하기 위해, 장기적으로 친밀한 관계를 유지하기 위해, 혹은 사장에게 임금인상을 적극적으로 요청하기 위해 필요한 기술을 가지고 있는가? 이러한 기술의 결손을 다루기 위해 자기주장과 사교기술 훈련 과정이 행동활성화치료를 위한 기법에 포함된다.

09

부적 강화의 편재성

　지금까지 우리는 어떻게 우울증의 환경이 행동의 감소를 야기하는지에 대해 논의해 왔다. 그러나 우울증의 환경은 특히 회피행동의 증가 같은 행동의 증가를 야기하기도 한다. 이 관찰은 Ferster(1973)에 의해 이루어졌고, Martell과 동료들이(2001) 제시한 행동활성화치료의 개념화에 핵심이 되었다.

　행동적 변화가 정적으로 강화된 행위의 감소로 기술될지 또는 회피행동의 증가로 기술될지는 종종 결정을 내리기가 어렵다. 온종일 침대에 머무르는 Vicky를 고려해 보자. 한편으로는 이것이 단순히 행동의 감소로 보이기도 한다. 아침 먹기, 샤워하기, 이 닦기, 옷 입기, 가족 식사 차리기, 집을 청소하기, 심부름하기 등 Vicky가 행하던 많은 행동이 모두 중지되었다. 다른 한편으로는, 한 가지 매우 중요한 행동이 증가한 것이다. 바로 침대에 머무르기다. 늘 그렇듯, 우리는 그것을 완전히 이해하고 그것을 기술하는 최적의 방법을 결정하기 위해, 행동의 기능을 살펴보아야 한다. 침대에 머무르는 행동의 선행사건과 결과물은 무엇인가? 이 사례에서 Vicky는 최근 이혼했고 그녀의 아이들은 대학으로 가 버렸다. 그녀는 이제 홀로 있다. 따라서 그녀의 이전 행동을 많이 유발시켰던 선행사건과 그것을 강화해 왔던 결과물이 상실되어 버렸다. 그리고 이것은 전통적 행동모델을 적용할 수 있는 사례로 여겨진다. 강화물은 상실되었고, 행동은 소거되었으며, Vicky는 우울한 감정을 느낀다.

그러나 좀 더 검토해 보면, 다른 과정들도 작용하고 있다. 특히 Vicky는 현재 우울한 감정을 느끼고 있다. 그녀의 우울함, 권태 그리고 피곤함은 행동적 ABC 분석에서 부가적인 선행사건이 된다. 침대에서 벗어나서, 샤워하고, 이를 닦는 것을 지금 행하는 것은 점점 더 어려운 일이 된다. 따라서 Vicky의 이전의 긍정적 행동들이 소거되었을 뿐만 아니라 침대에 머무르는 행동이 강화되었다. 침대에 머무르는 것은 침대 밖으로 나감으로써 발생하는 부가적인 소진과 피로감을 성공적으로 회피하도록 돕는다. 바깥세상은 춥고 가혹하지만, 침대에 머무르는 것은 따뜻하고 안락하다. 더군다나 만일 침대에서 일어나 슈퍼마켓에 간다면 그녀의 친구들이 그녀를 알아볼 수 있고, 그녀는 이혼에 관해 얘기해야 할지(침대에 머무르는 가능성을 증가시키는 더 대립적인 수반성)도 모른다. 이 상황에서 침대에 머무르는 것은 기능적으로 경험 회피행동이고 결과물은 부적 강화다. 즉, 잠재적이면서 실제로 혐오적인 상황과 감정로부터 즉각적이고 성공적으로 회피할 수 있는 행동이다.

우리 삶에서의 부적 강화

부적 강화는 정적 강화와 편재성 면에서 동등하다. 두통을 고려해 보자(A). 우리는 아스피린을 복용하고(B), 두통을 완화한다(C). 스트레스가 많은 사교적 행사를 고려해 보자(A). 우리는 술을 마시고(B), 사교적인 불안감을 경감한다(C). 전화벨이 울리는 것을 고려해 보자(A). 우리는 수화기를 집어 들고(B), 전화벨이 멈춘다(C). 슬픔과 상실을 고려해 보자(A). 우리는 침대에 머무르고(B), 그날의 노력과 고통을 회피한다(C).

우리 대부분의 일상생활에서 부적 강화는 풍부하고 정적 강화는 부족하다. 아내이자 세 아이의 엄마인 Lara는, 가족보다 먼저 일어나서 아침과 점심을 준비하고 끊임없이 잡일을 한다. 자동차에 기름을 넣고, 청구서를 지급하고, 저녁을 차리기 위해 귀가한다. 직장에서 스트레스를 받은 남편과의 충돌을 피하기 위해 저녁 내내 살얼음판을 걷는다. 그녀의 삶은 일상의 허드렛일과 가족들의 요구사항을 대면하는 스트레스로 가득 차 있다. 또한 가족의 기능에 대한 걱정을 줄이고, 좋은 아내와 엄마가 될 수 없다는 것에 대한 그녀의 걱정을 줄이기 위해 늘 희생을 하고 산다. 그녀는 긍정적으로 강화되는 결과물을 완수하는 데 따르는 성취감 또는 단순한 기쁜 일에 따르는 즐거움을 느낄 수가 없다. 그녀는 부정적인 결과물에서 벗어나려는 만성적인 회피와 더불어 탈진감, 스트레스 그리고 우울감을 느낀다.

한쪽은 매우 소극적이고 다른 한쪽은 매우 적극적이라는 차이가 있음에도 불구하고, Vicky와 Lara의 회피 목록은 주로 혐오적인 감정이나 신체적인 상태를 회피하는 것에 있음을 알려 주는 것이 둘 모두에게 공통으로 도움이 될 수 있다. 중요한 점은, 회피가 보편적이고 일반화되면 정적 강화의 또 다른 상실로 이어질 수 있다는 점이다. 한 사람의 행동목록이 회피에 지배당하게 되면, 정적 강화로 이끄는 행동을 실행하기가 어려워진다. Vicky가 침대에 머무르는 것은 의미 있고 생산적인 삶을 이끌어 내기가 불가능하다. 비슷하게, Lara는 매일매일의 기본적인 가족 기능을 유지할 수 있지만, 그녀에게 삶의 의미를 부가할 정적 강화를 추구하는 대안을 개발할 여유가 없다.

따라서 부정적인 경험과 결과물을 회피하기 위한 과도한 노력은 그렇게 하려는 의지는 분명하지만, 우울증을 동조하는 환경을 만들 뿐이다. 회피 노력은 단기적으로는 성공적이기 때문에 시간이 지나도 계속된다. Vicky는 침대 밖으로 나가는 것으로 인한 소진감을 회피할 수 있고, Lara의 가족은 서로 떨어지는 것을 피할 수 있다. 그러나 그들의 문제를 해결하고 그들의 삶을 증진하기 위한 새로운 기술이나 전략을 가지지 못하고, 다음 날 아침에 일어나서 동일한 상황에 처한다. 회피 목록은 이전에 경험한 부적 강화의 결과물에 의해서 더욱 공고해졌으며, 그들의 수렁은 점점 더 깊어지고 심각한 우울증이 지속된다.

기능 분석의 필요성

우리는 Vicky가 침대에 머무르는 것이 행동의 감소인지 혹은 행동의 증가인지에 대한 의문을 가졌다. 답하자면, 기능적 분석

없이는 결정하는 것이 불가능하다. 그녀의 우울증이 정적 강화의 상실로 잘 설명되는 경우라면, 우리는 그녀가 침대에 머무르는 것을 행동의 감소로서 간주할 것이다. 만일 그러하다면, 단계적인 행동활성화 계획이 Vicky의 우울증을 극복하기 위해 충분할 수 있다. 그러나 Vicky가 침대에 머무르면서 부정적인 감정을 느끼는 것을 회피하는 경우라면, 회피행동의 증가로 그녀의 문제점을 개념화하기가 더 유용할 수 있다. 회피에 민감하지 못한 단순 행동활성화 계획은 성공 가능성이 낮고, 그녀의 회피를 구체적으로 다루는 전략이 필요할 것이다.

그 분석이 치료 기법과 어떤 연관이 있는지 주목해야 한다. 내담자의 행동을 개념화하는 방법에는 정답도 오답도 없다. 대신에 좀 더 유용한 대답이 있다. 행동활성화치료의 개념화는 ABC 기능 분석을 포함하는데, 그 이유는 ABC 기능 분석이 치료 기법과 관련되기 때문이다. 몇몇 사례에서는 정적 강화를 회복하기 위한 단순 활성화 기법으로도 충분한 경우가 있다. 다른 경우에서는, 회피가 중요한 역할을 수행하기에 목표로 설정될 필요가 있다. 또 다른 경우에서는, 다수의 요인이 포함되고 치료방법으로 혼합 기법이 포함될 수 있다. 이러한 복잡성은 행동활성화치료의 핵심에 해당하며, 21장부터 25장에 걸쳐서 기능 분석에 기초하여 행동활성화를 사용하는 시기와 방법에 대한 세부사항을 제공할 것이다.

10

처벌의 역할

　지금까지 우리는 정적 강화의 상실 때문에 특정한 환경이 어떻게 우울증으로 이어지는지, 그리고 과도한 부적 강화에 의해 특정된 환경이 어떻게 우울증으로 이어지는지에 대한 예시를 살펴 보았다. 이 두 개의 과정은 우울증으로 이어지는 주요한 경로가 될 수 있으나 그것들이 유일한 경로는 아니다. 이제 처벌의 역할에 대해 고려해 보자. 정적 강화의 상실과 마찬가지로, 처벌 또한 조작적 행동을 감소시키고 반응적 행동을 양산해 낸다. 처벌은 그것이 가해졌을 때 행동의 감소를 야기하고, 좋지 못한 감정을 느끼게 한다.

　우리는 모두 처벌의 감정이 어떤지 알고 있고 따로 언급할 필요가 별로 없다. 단회성 처벌은 공격성과 화를 만들어 낼 수 있는 반면, 우울증에 더욱 관련 있는 것은 장기적인 처벌과 피할 수 없는 처벌이 해당된다. 그러한 사례에서 처벌은 효과가 너무 강력해서, 처벌이 주어진 지 한참이 지난 후에야 소거행동이 멈춘다. 만성적인 우울증 환자에게 장기적이고 피할 수 없는 처벌의 과거력이 보고되는 것은 흔한 일이다. 그런 내담자는 친밀한 관계를 만들고 유지하는 필수적 행동을 개발하지 못했거나, 그런 환경 속에서 반복적으로 강화되어 온 것처럼 거의 예외 없이 친밀한 관계를 얻고 유지하는 데 문제점을 가지고 있다. 중요한 점은 내담자에게 처벌이 더는 일어나지 않고, 사실 장기간 일어나지도 않았지만, 아직도 행동에 영향력을 미친다는 것이다. 내담자는 친밀해지는 방법을 배우지 못한 듯 보일 뿐만 아니라, 만성적으로 수동적이며 시도 자체를 내켜 하지 않았던 것으로 보인다. 내담자는 이렇게 말할 수 있다. "뭐 하러 시도합니까? 나한테는 효과가 없을 거예요." 그 내담자는 아마도 희망이 없다고 느낄 것이다.

인간 피험자를 대상으로 한 연구를 살펴보면, 이러한 반응은 동기 부족이나 비자발성(설명을 위한 허구)으로 해석되어서는 안 된다. 그것은 과거 처벌이 갖는 기능에 해당된다. 예를 들어, 처음에 피할 수 없는 전기 충격에 노출되었던 참가자가 그 후에 전기 충격을 피할 수 있는 상황에 놓여도 충격을 피하지 못하는 것을 보여 주는 실험이 있다(Klein & Seligman, 1976). 그리고 풀 수 없는 문제를 제시받았던 참가자가 후에 풀 수 있는 문제가 주어져도 풀지 못하는 결과를 보여 주는 실험도 있다(Roth & Kubal, 1975). Seligman은 그러한 행동을 가리켜 '학습된 무기력'이라고 명명했다(Overmier & Seligman, 1967).

처벌에 대한 연구를 살펴보면, 무력감을 생성하고 처벌받는 행동을 감소시키는 결과를 넘어서서 처벌이 중요한 영향력을 갖고 있음을 보여 준다. 특히 처벌하는 자는 공포감을 이끌어 내고 회피를 불러일으키는 혐오자극이 되고, 만일 그 처벌이 강력했다면 공포감과 회피는 일반화될 수 있다. 아버지에게 신체적 학대를 받아 온 여자아이는 성장 후 남성에 대해 일반적인 공포감을 느끼고 남성을 회피하는 모습을 보일 것이다. 이런 상황에서 우리는 과거 처벌 때문에 행동이 감소하고, 부적 강화에 의해 회피의 방어막을 갖게 된다. 우울증에 이르는 대다수의 경로처럼, 추후 결과물은 정적 강화의 접촉 결여다. 따라서 정적 강화의 상실에 의한 조작적 행동과 반응적 행동의 산물과 처벌은 궁극적으로 대부분의 사례에서 중첩되고 구별하기가 어렵다.

　행동활성화치료에 있어서, 정적 강화의 상실에 이르는 경로는 다양하게 존재한다. 하지만 내담자가 어떻게 우울해졌는지에 관계없이, 치료의 목표는 궁극적으로 정적 강화와의 접촉을 증가시키는 것이다. 내담자가 정적 강화에 이를 수 있도록 돕기 위한 구체적인 개입의 특성은 우울증에 대한 기능적 분석에 달려 있다. 만성적인 처벌의 개인력를 가지고 있는 내담자와 작업하려면 참을성과 감수성이 필요할 것이다. 정적 강화와의 접촉이 저조한 점에만 초점을 맞추어서, 처벌이나 회피를 기능적으로 고려하지 않은 단순 활성화 과제(예: 상대방을 더 잘 알기 위해 커피 한잔 하자고 요청하기)는 실패할 수도 있다.

11

우울증에 대한 거의 완전한 행동모델

기능적 맥락주의 이론과 강화의 기초를 이해할 수 있다면, 우울증의 행동이론은 매우 단순하다. 간단히 말해서, 사람은 자신의 환경에 반응적이라는 것이다. 과거와 현재의 환경이 함께 현재 행동에 영향을 미친다. 사실 이러한 반응성은 인간 조건에 포함되며, 그리고 인간이 되기 위해 기본적인 것이다.

1970년대 중반까지 우울증의 완전한 행동모델을 대체하는 몇 개의 분파된 이론이 준비되어 있었지만, 통합되기 위한 조각으로 남겨져 있었다. Lewinsohn(1974)이 발전시킨 우울증의 초기 행동이론은 정적 강화의 상실에 의한 환경이 어떻게 우울증으로 이어질 수 있는지 설명했다. Ferster(1973)의 저서는 Martell, Addis와 Jacobson(2001)이 발전시킨 우울증의 행동적 모델을 강조하고 있는데, 과도한 부적 강화에 의한 환경이 어떻게 우울증에 이르게 되는 것이 가능한지를 설명했다. Seligman의 학습된 무기력에 관한 초기 저서(Overmier & Seligman, 1967)는 피할 수 없는 처벌에 의한 환경이 어떻게 우울증에 이르게 되는 것이 가능한지를 설명했다. 이 세 개의 과정(정적 강화의 상실, 과도한 부적 강화 그리고 과도한 처벌)이 우울증의 행동적 이해에 절대적으로 필요하지만, 우울증에 대해 완전하게 이해하려면 이러한 세 개의 과정을 넘어서서 더 많은 것이 요구된다.

우울행동에 대한 강화

네 번째 과정은, 몇몇 우울증 행동이 다른 사람에 의해 제공된 강화 때문에 유지된다는 것이다. 이것은 잘 알려진 개념이고, 비행동주의자는 부가적인 이득의 개념으로 볼 수 있다. 종종 우울증에 걸린 사람의 배우자, 부모 혹은 다른 가족 구성원은 부지불식간에 우울증 행동에 대한 정적 강화의 혼합물을 동정, 보살핌과 염려의 형태로 제공할 수 있고, 내담자의 책임을 대신 맡아 주고 부담감을 경감해 주는 형태로 우울증 행동에 대한 부적 강화의 혼합물을 제공할 수 있다.

다른 사람으로부터의 그러한 반응은 우울증이 처음 시작되었을 때와 유사하다. 예를 들어, Frank는 최근 그의 일자리를 잃었고 그래서 그와 그의 아내는 기분이 매우 상했다. 그를 세심하게 대하고 기분이 나아지게 하고자, Frank의 아내는 그에게 며칠의 휴가와 재충전의 시간을 제안했다. Frank의 아내는 이것을 어려운 시기에 그에게 제공하는 '휴식'으로 간주했다. 그런데 우울한 행동을 위한 강화가 시작되어 버렸다. 문제는 며칠의 휴가가 지난 후에 발생했으며, 우울하고 수동적인 행동이 Frank로부터 강력해지고 더 자주 일어나게 되었다. 그의 아내는 계속해서 여러 가지 일을 돌보는 여분의 노력이 Frank로 하여금 '할 수 있도록' 돕는 것으로 생각했으나, 그는 그녀의 그런 모습을 당연하게 받아들일 뿐이었다. 그녀는 그에게 무심한 듯 보이기도 싫었고, 매정하게 보이기도 원치 않았다. 그래서 그녀는 그의 우울한 행동을 강화하는 것을 계속하며, 동시에 현 상황에 대해 점점 더 악화되는 감정을 느끼게 되었다. 처음에 Frank는 가벼운 우울 감정을 겪었고 좋은 결혼생활을 하고 있었지만, 지금 그는 점점 더 우울해졌고, 그의 결혼생활이 흐트러지기 시작했음을 알게 되었다.

Frank의 아내는 억울함을 느꼈을 수도 있고 그가 그녀를 이용했다고 느꼈을 수도 있지만, 우리의 관점에서 보면 그 상황이 Frank의 잘못이 아니고 그가 고의로 그렇게 하지 않았다는 점을 알게 해 주는 것이 중요하다. 그의 행동은 그저 현재의 수반성에 따른 결과물일 뿐이다. Frank는 사실 그의 아내의 부가적인 노력에 대해 죄책감이 드는 것을 느꼈을 수도 있고, 다시 나아가지 못하는 자신의 무력함을 느꼈을 수도 있다. 그 상황에 대한 죄책감과 개인적인 해명(예: 의지력의 결여 또는 개인적 약점)은 그의 행동에 대한 기능적 통제가 아닌 작동하는 수반성의 결과물일 뿐이다. 하지만 궁극적으로 보면 죄책감과 개인적 해명이 그의 우울증에 기여했을 수도 있다. 왜냐하면 그가 심한 죄책감을 회피하기 위해 그의 아내를 피할 수도 있고, 그의 상황에 대한 개인적 해명 때문에 유발될 수치심을 피하려고 그의 감정에 대해 아내와 얘기하는 것을 회피하기 시작했을 수도 있기 때문이다.

Frank의 사례는 다수의 행동적 요소가 우울증에 이르기까지 어떻게 결합할 수 있는지 보여 준다. 첫째, 전통적인 정적 강화(직장)의 상실로 시작된 상황은, 직접적인 행동 감소와 부정적 감정의 결과를 야기한다. Frank의 사례에서, 우울증의 소용돌이에 빠져들게 한 것은 근본적인 상황보다 그와 그의 아내가 어떻게 이 상황에 대응했는가의 산물이다. 그들 둘 다 주어진 상황에서 이해가 되는 행동을 했음에도 불구하고, 그들은 무심코 우울증 행동에 대한 정적 강화 과정(증가한 아내의 보살핌과 염려)과 우울증 행동에 대한 부적 강화 과정(일과 책임으로부터의 면제, 아내와 관련된 죄책감으로부터의 회피, 그의 우울증에 대한 Frank의 개인적 해명과 관련된 수치심으로부터의 회피)를 만들어 냈다. 궁극적으로 이러한 과정은 시간이 지나면서 정적으로 강화되는 것이 점점 적어지고 임상적 우울증으로 발전되는 악순환을 단단하게 만들었다.

과정의 복잡한 상호작용

우울증의 행동적 모델을 요약하기 위해, 우리는 행동의 조작적 감소, 행동의 조작적 증가, 감정의 반응적 양상이라는 세 가지 주제에 집중하고자 한다.

첫째, 조작적 단계에서의 과도한 처벌과 정적 강화의 상실은 긍정적이고 우울하지 않은 행동을 더디게 만든다. 처벌이 많고, 정적 강화의 상실이 크면, 행동의 감소 역시 현격해진다. 수동성, 침대에 머무르기, 과도한 수면, 외출 거부, 무쾌감증, 적게 먹기, 느려진 운동 반응, 그리고 느려진 사고가 모두 생길 수 있다. 그리고 피로감과 기력의 상실이 뒤따른다. 물론 행동 감소의 구체적 양상은 개인적인 속성이나 발생한 변화의 속성에 달려 있고, 각각의 사례별로 평가되어야 한다.

둘째, 조작적 단계에서 우울행동에 대한 과도한 정적 강화와 부적 강화는 부정적인 우울행동의 증가를 야기한다. 삶이 스트레스와 번거로움으로 가득 찼을 때, 행동목록은 스트레스와 번거로움을 회피하거나 감소하려는 시도로 통제된다. 사람들이 기분이 좋지 않을 때, 행동목록은 더 나쁜 감정을 느끼지 않는 것에 집중하게 되고, 환경 내 다른 요소는 이것을 지지하는 수반성을 마련하게 된다. 최종적으로는 정적 강화를 더 많이 감소시키고, 실제 우울증의 환경적 원천을 조절해 줄 수 있는 행동의 감소로 이어진다.

마지막으로, 이러한 환경적 수반성이 작동하고 있을 때, 사람들은 나쁜 기분을 경험한다. 다시 말하면, 수반성의 속성에 따라서, 그리고 개개인이 감정을 인식하고 명명하고 표현하는 방법에 따라서, 그 구체적인 감정의 속성은 다양할 수 있다. 요점은 우리네 삶이 불행하게도 종종 힘들고 우리의 몸은 주위의 세상에 민감하다는 것이다. 중요한 상실이 발생했을 때, 정적 강화와의 접촉이 줄어들었지만 완전히 상실되지는 않았을 때, 우리는 침체되고 안 좋은 감정을 느낀다(그러나 아마도 그렇게까지 나쁜 감정은 아닐 것이다). 또한 심하게 혹은 불가피하게 처벌받는 경우 우리는 침체되고 안 좋은 감정을 강하게 느낄 것이고 만성적으로 정적 강화의 주요한 원천과 끊어졌을 때 역시 우리는 만성적으로 침체되고 나쁜 감정을 갖게 된다. 이것이 인간이다.

우울증의 다양한 사례는 개인력과 정적 강화의 상실에 대한 기능적 분석 결과로 설명된다. 몇몇 사례는 주요 상실의 결과가 될 수 있다. 그러나 우울증의 많은 사례는 주요한 상실 그 자체보다는 다수의 만성적이고 가벼운 스트레스 요인이 축적된 결과의 기능으로 분석된다. 그러한 요인으로는 작업과 관련된 스트레스, 재정적 문제, 대인관계 관련 문제, 집안일 같은 매일의 번거로움 등이 해당한다. 우울증의 몇몇 사례는 극심하고 불가피한 형태의 처벌로 설명된다. 또한 중요한 것은 정적 강화의 주요한 원천과 접촉이 만성적으로 박탈되어 온 환경이다(예: 학대받거나 방치된 환경). 우울증과 관련된 대부분의 사례는 물론 이러한 요소의 혼입을 포함한다. 기능적으로 말하자면, 이러한 삶들은 낮은 수준의 정적 강화에 의한 삶으로 묘사할 수 있다. 덜 기능적으로 말하자면, 이러한 삶들은 무의미한 삶으로 묘사할 수 있다.

우울증 이해하기

행동모델에 따르면 우울증은 부정적인 삶의 사건, 스트레스 요인, 그리고 어려운 환경에 대한 당연한 반응으로 여겨진다. 행동활성화치료자에게 있어서 우울증은 내담자의 과거와 현재 환경 그리고 타고난 생물학적 요인을 고려했을 때 항상 쉽게 이해될 수 있으므로 이 모델은 강렬한 치료적 공감을 이끌어 낸다.
한 사람이 보이는 우울증 증상의 독특한 양상은 그 사람의 개인
력에 달려 있다. 우울증을 앓는 모든 내담자가 자신만의 개인력
을 갖고 있듯이, 우울증에 걸린 사람의 수만큼 다양한 유형의 우
울증이 존재한다. 예를 들어, 어떤 우울증 내담자는 만성적인 유
년기 학대의 개인력을 보일 수 있고, 다른 내담자는 완벽하게 행
복한 유년기를 보냈지만 최근 일련의 상실 경험(남편의 죽음과 아
이들이 대학으로 가 버린 것)때문에 우울증을 보일 수 있다. 양쪽
내담자는 현재 우울증을 보인다. 둘 다 행동활성화치료와 행동
적 모델에 근거한 치료를 받을 수 있지만, 목표 증상은 서로 다를
것이다.

　대부분의 우울증 내담자에게 있어서, 우울증으로 이어지는 역
사는 매우 복잡하다. 한 가지 나쁜 일이 발생한 그런 종류의 것
이 아니다. 어떤 경우, 사랑하는 사람의 죽음, 이혼, 실업, 부상
이나 건강 위기, 혹은 새로운 지역으로의 이사와 같은 명백하게
인식 가능한 주요한 삶의 사건이 있다. 다른 경우, 강화물의 상
실이 감지될 수 없게 천천히 발생한다. 당신의 친구들은 한 명씩
결혼하고 아이를 가진다. 당신은 점차 일에 많은 시간을 소모하
고 가족과 함께할 시간이 적어지게 된다. 당신이 한때 애지중지
하던 아이는 청소년이 되면서 당신이 어떤 영향력을 발휘할 수
가 없으며, 아이가 원하는 것은 그저 당신에게서 벗어나는 것이
다. 당신의 재정적인 문제와 빚은 서서히 누적되기 시작한다. 처
음에는 신용카드에 대한 최소 지급을 감당할 수 있었지만, 이제

는 통제할 수 없게 커져 버렸다.

전에는 당신의 삶이 강화물로 가득 찬 것처럼 느껴졌지만, 현재는 그렇지가 않다. 당신은 급여가 높은 일자리를 가지고 있고 직업적으로 높이 평가받고 있다. 당신의 아내는 헌신적이고 당신의 아이는 잘 지낸다. 그러나 당신의 삶은 공허함을 느낀다. 우리는 당신의 가치를 좀 더 가까이 들여다볼 필요가 있다. 당신은 궁극적으로 자신에게 아무 의미도 없는 경력을 쌓는 데 많은 시간을 보냈을 수 있다. 당신은 아내와의 관계를 인정하기 어려울 수 있다. 표면상으로는 훌륭해 보이지만, 윤기를 이미 잃어버렸고 두 사람 모두 '시늉'만 하고 있다.

몇몇 사람은 때때로 우울증이 환경적인 활성화 요소를 지니지 않은 채 갑자기 나타난다고 주장한다. 그러나 우리 경험에 근거하면, 우울증은 우울증을 보이는 사람의 삶의 맥락 속에서 늘 이해될 수 있다. 역사는 과거이고 완벽한 분석이 가능하지 않기 때문에 정확하게 혹은 완전하게 우울증의 원인을 기술하는 것은 불가능하지만, 행동활성화치료의 관점에서 우울증은 항상 그 사람의 개인력 관점에서 이해가 된다.

12

인지의 역할

앞 장의 제목에는 '거의'라는 단어가 포함되어 있는데, 그것은 아직 자세하게 논의하지 못한 한 가지 요소인 '인지'에 대해 주목하게 만든다. 전통적으로, 행동모델은 인지를 경시하는 것에 대해 비난을 받아 왔다. 이 비판은 불공정하다. 그들은 인지를 경시하지 않았다.

사고는 행동이다

2장에서 논의되었던 것처럼, 행동이론은 사고를 행동으로 취급한다. 그런 점에서 인지는 행동을 초래하는 특별한 지위가 없음에도 불구하고 중요하다. 전통적인 행동모델에서는 때때로 하나의 행동(사고)이 다른 행동(외현적 행동과 감정적 반응)을 자극하고 이끌어 낼 수 있다고 본다. 이러한 주장은 분석을 거기에서 멈추지 않는 한 행동이론에 부합한다. 사고의 원인이 되는 과거와 현재의 사건들을 이해하고, 그러한 사건으로부터 기인한 사고가 행동에 대한 기능적 통제를 지닌다는 사실을 이해하게 되면, 사고가 행동을 초래함을 받아들일 수 있다(Hayes & Brownstein, 1986).

그 문제는 차치하고, 어떻게 사고가 행동에 대한 기능적 통제를 얻게 되었는지 설명할 수 있는 용어와 인지가 포함된 전체 행동모델이 최근에서야 개발되었다. 관계적 구조이론(Relational Frame Theory: RFT; Hayes, Barnes-Holmes, & Roche, 2001)이라고 불리는 이 모델은 다양한 방식으로 정교화되어 수많은 임상문제에 적용되었다(Woods & Kanter, 2007). 이 모델은 ACT의 기초로서 기능하고, 또한 몇몇 관점에서 행동활성화치료와 닮아 있다(Kanter, Baruch, & Gaynor, 2006). 그러나 RFT에 대한 논의는 이 책의 범위 밖이므로, 관심 있는 독자는 앞에 제시된 참고문헌을 활용하기 바란다.

사고는 행동에 영향을 미친다

인지를 포함한 행동모델에 대해서 우리가 이해할 필요가 있는 것은, 책에서 논의되었던 우울함으로 이어지는 모든 과정에 실제로 사고가 심오한 영향을 줄 수 있다는 사실이다. 따라서 정적 강화로 경험되는 것, 처벌로 경험되는 것, 강화의 상실로 경험되는 것 등에 사고가 영향을 미칠 수 있다. 사고가 이들 과정에 영향을 미친다고 볼 때, 사고는 행동에 영향을 미친다. 예를 들어, 남편이 바람을 피웠다고 잘못 믿고 있는 한 여자가 있다. 이러한 믿음이 안정적이고 확고하다면, 마치 남편이 실제로 바람을 피우는 것처럼 남편에게 행동하는 그녀의 모습을 예상할 수 있다. 남편은 정적 강화물로서의 기능이 상실되고, 아마도 처벌자나 부적 강화물로서 기능하게 된다. 기술적으로 말하자면, 남편이 바람을 피우고 있다고 생각하는 것이, 실제 남편이 바람을 피우고 있다는 것과 부합하는 남편의 기능으로 변환시킨다고 말할 수 있다.

다른 사례로서, 직무 평가를 형편없게 받은 Susan을 고려해 보자(Kanter, Busch, Weeks, & Landes, 2008). 이 부정적 사건은 당연히 행동의 둔화를 유도하고, 부정적인 감정을 이끌어 낸다. 만일 이들 반응이 일시적이라면 반응은 평범하고 적응적인 것으로 보인다. 그러나 Susan은 그 사건이 추가적인 문제를 불러일으키는 기능으로서 생각하기 시작한다. 그녀는 절대로 자신의 경력을 잘 만들 수 없고, 실패할 운명이라고 여기고, 누구도 자신을 좋아하지 않는다고 생각할 수 있다. 이런 생각의 맥락 안에서, 저조한 직무 평가는 기능적으로 정적 강화의 거대한 손실로 여겨지고, 만성적 처벌의 연장 선상에서 또 다른 처벌 기능으로서 경험될 것이다.

이러한 사고 양상은 Susan의 과거로부터 생성된 복잡한 산물이다. 저조한 직무 평가와 같은 일시적인 어려움이 기능적으로 압도하는 거대한 무언가로 탈바꿈하는 결과를 초래하게 된다. 저조한 평가라는 초기 부정적 경험은 언어적 해석이 없었다면 평범하고 적응적일 수 있다. 그러나 Susan의 언어적 해석은 경험을 과장하고 확대해서 병리적 우울증으로 증폭시켰다.

반추

반추, 걱정, 그리고 자기비판이나 자살사고와 같은 인지적 과정은 행동활성화치료에서 관심의 대상이 된다. 그러나 그 내용보다는 결과물이나 과정의 기능에 중점을 둔다(이것은 또한 인지치료의 최근 몇몇 접근법과 일치한다; Wells, 2004). 이는 치료자가 다음과 같은 질문에 관심을 갖게 한다. 언제부터 Susan은 그러한 사고를 시작했을까? 그러한 사고를 하는 동안 Susan은 무엇을 하였나? 그 사고가 어떤 결과를 가져왔는가? 그 시간 동안 Susan이 할 수 있었던 다른 것은 무엇이 있나? 이런 질문에 집중하는 것은 일련의 중요한 관찰로 이끌어 줄 수 있다. 구체적으로 살펴보면, 우울증에 걸린 내담자가 일단 부정적 사건에 대한 사고를 시작하면 그들은 그 사건에 대한 생각을 멈추는 데 어려움을 갖게 되는데, 이는 흔한 경우의 일이다. 더욱이 이러한 사고는 매우 비생산적이다. 결국 이러한 사고는 현재 환경으로부터 내담자를 동떨어지게 하고 그 내담자는 본질적으로 반추사고에 함몰된다.

기능적으로, 반추는 분명히 강화의 속성이 있는데, 그렇지 못하다면 유지되지 못할 것이다. 생각에 빠지는 것은 부적 강화의 속성을 지닐 수 있다. 왜냐하면 생각을 거듭하지 않으면 혐오적이거나 처벌적이거나 우울한 환경과 마주하게 될 것으로 여겨지기 때문이다. 또한 반추는 과거 사건과 관련된 고통을 일시적으로 줄여 주는 성공적인 방법이 될 수 있다. 다른 행동적 선택권이 더는 유용하지 않을 때, 상실된 무언가와 관련된 것에 머무르려는 시도로서 사용될 수도 있다. 예를 들어, 슬픔에 빠진 미망인은 무엇을 해야 할지 모를 때 죽은 배우자를 반추할 수 있다. 반추는 또한 문제를 해결하거나 혹은 벌어진 사건에 대해 통찰력을 얻거나 이해하려는 시도로서 수행될 수 있다. 어떤 사람은 그러한 사고 과정이 유용하다고 배워 왔을 수도 있고, 따라서 반추는 정적 강화나 시간이 지나 강력해지는 것으로 여겨질 수 있다. 심지어 반추하는 사람이 결국 반추에 갇혀 버려, 실제로 효율적인 문제 해결과 전진을 할 수 없을지라도 그럴 수 있다.

인지적 재구성은 어떠한가

어떤 독자는 "행동모델의 주장에 따라 만일 생각이 행동에 영향을 준다면, 행동을 변화시키기 위해 인지적 재구성 기법을 사용하면 안 되는가?"라고 물을 수 있다. 행동활성화치료에서 인지적 재구성 기법을 배제한 것은, Jacobson의 요소 분석(Jacobson et al., 1996)에서 이론적인 고려사항 때문에 연구 설계 문제로 제외했기 때문이다. 그 연구에서는 치료의 행동적인 요소와 인지적인 요소를 분리하고 그들을 서로 비교하려는 목적 때문에 행동활성화치료를 인지적 요소가 배제된 것으로 정의한 바 있다.

사실, 인지적 재구성을 제외시키는 치료적 관점은 다소 위선적으로 보인다. 인지가 궁극적 원인으로 여겨져서는 안 되지만, 행동이론의 실용적 관점에서는 목표한 행동 변화를 이끌어내는 인지적 개입이라면 허용될 수 있다. 다른 말로 하면, 인지가 궁극적인 원인으로 여겨지지 않을지라도, 인지 수준에서 개입하는 것이 실용적으로 유용할 수 있다. 이상적으로는, 기법의 형태에 따른 분류보다는 목적에 의해 정의된 행동치료가 되길 바라며, 단지 비행동적이라는 딱지가 붙었다는 이유만으로 기능적으로 유용한 기법을 배제하는 치료법은 제한된 치료법이다.

행동활성화치료에서 행동의 변화를 유발할 수 있는 개입법으로서 인지적 재구성을 사용하는 것에 반대하는 우리의 주장은, 그것이 단순히 다른 행동활성화치료 기법과 양립할 수 없다는 것이다. 독립적으로 평가했을 때, 각각의 접근법은 동등하게 효율적이지만, 부정적인 사고와 감정이 존재할지라도 우울증을 극복하기 위해서 실행에 옮기는 것을 강조하는 행동활성화치료로서는 인지적 재구성과 모순될 수밖에 없다.

결국 이것은 경험적인 물음이다. 최근의 연구(Longmore & Worrell, 2007)는 우울을 개선하기 위해서 사고를 변화시키는 것이 필요 없다는 관점을 지지하고 있지만, 이 문제에 대해서는 더 많은 연구가 필요하다. 우리는 부정적인 사고가 행동활성화치료를 포함하는 우울증의 성공적인 치료 과정을 바꾸지 못한다고 주장하는 것이 아니다. 사실, 인지적 변화는 인지적 개입으로서 매우 빈번히 사용되는 개입방법이며, 행동활성화의 개입을 사용하는 것만큼 빈도가 높다(Jacobson et al., 1996; Jacobson & Gortner, 2000; Simons, Garfield, & Murphy, 1984; Zeiss et al., 1979). 행동활성화치료에서 인지적 변화가 있을 수 있지만, 인지적 변화는 행동활성화치료의 목표가 아니다. 그 목표는 사람이 인생에 대해 어떻게 생각하느냐에 의해서가 아니라 다양하고 안정적인 정적 강화물과의 접촉에 의해서 창출되는 의미 있는 삶이다.

13

통찰의 역할

심리치료란 자기 자신, 자신의 과거, 자신이 행한 행동의 이유에 대한 통찰력을 얻는 과정이라고 많은 사람이 생각한다. 자신의 과거를 이해하는 사람만이 자신의 현재 행동을 변화시킬 수 있다고 생각할 수 있다.

행동활성화치료는 심리치료에서 통찰의 역할에 대해 독특한 견해를 갖고 있다. 과거에 대한 통찰이 가진 문제점은, 과거를 변화시킬 수 없다는 점이다. 우리의 현재와 미래의 환경은 잠재적으로 변화할 수 있다. 따라서 과거에 대한 이해는 그것이 내담자의 현재와 미래를 변화시키는 것에 도움을 주는 범위에서만 유일하게 도움이 될 수 있다. 행동활성화치료의 목표는 개개인이 자신의 현재와 미래 환경을 변화시킬 수 있도록 돕는 것이다. 행동활성화치료에서 실행 없는 통찰은 아무 소용이 없다.

우리가 6장에서 논의했던 것처럼, 강화는 과거로부터 이어진 과정이다. 우리는 미래 시점에서 강화를 찾는 것이 아니고 이미 과거에서 특정 행동이 강화되었기 때문에 그 특정 행동에 개입할 수 있다. 따라서 과거는 현대 행동이론에서 매우 중요하다. 또한 행동활성화치료에서 내담자의 역사를 이해하는 것과 현재 내담자 모습을 만들어 온 요소를 이해하는 것이 중요하다. 이러한 과정은 치료에서 핵심이 될 수 있는 기능적 관계에 대해 중요한 단서를 제공한다. 더불어 내담자가 자신의 이야기를 털어놓기를 원하며, 공감적으로 경청하는 것은 공고한 치료적 관계를 구축하고 내담자를 이해하는 데 있어서 중요하다.

행동활성화치료자가 내담자의 이야기를 들을 때, 치료자는 기억의 변형, 자기보고의 부정확성, 그리고 시간이 흐르면서 기억을 각색하여 사실처럼 만든 왜곡에 민감해야 한다. 기능적 분석을 이해하기 위해서 실제로 중요한 과거의 변수는, 내담자에 의해 지각된 변수와 상당히 다를 수 있다. 결국 내담자의 말은 과거와 현재의 맥락에 의해 통제되는 행동일 뿐이다. 따라서 현재 맥락에서의 변화를 통해 내담자의 인생사가 매우 다른 버전으로 만들어질 수 있다.

물론 모든 치료자는 자기보고의 본질에 민감하고, 행동활성화치료자가 이 점에서 특별히 대단한 것은 아니다. 그러나 행동활성화치료는 대부분의 다른 치료법의 경우보다 통찰에 대해 조금 더 신중한 태도를 보인다. 앞에서 언급했던 예외를 제외하고, 치료적 과정으로서의 통찰은 그저 무의미한 것이 아니고, 실제로는 그것의 기능과 결과물의 관점에서 문제가 있을 수 있다. 행동활성화치료를 진행하면서 우리는 '왜 내가 지금의 모습인지 알아내기 위해서'라는 목적으로 수년간 지속했던 과거 치료법 경험에 관해 이야기하는 많은 내담자를 만났다. 이러한 경험을 통해 내담자는 상당한 통찰을 얻었고, 자신에 관해 이야기하는 치료 과정과 심리학적 경험을 얻었지만, 그들의 대인관계 문제는 여전히 남아 있다. 사실, 치료적 지식에 익숙한 이러한 내담자는 정신분석 혹은 다른 치료적 세계관을 담은 자신의 독특한 이론적 조망을 통해 세상을 바라보기 때문에 그들의 주변 사람과 더 어려운 시간을 보내 왔을 수도 있다. 또한 치료법이 잠재적으로 중요한 긍정적 강화물과의 접촉 빈도를 줄여 왔던 셈이다.

결국 행동활성화치료에서는 과거에 대해서 이야기하는 것의 기능을 고려하는 것이 중요하다. 다른 남자와 관계를 맺기 시작한 후, 일주일에 4회기씩 정신분석을 받기 시작한 Elaine을 고려해 보자. 그 치료는 외도하는 것을 멈추는 것이나 그녀 결혼생활의 현재 문제점에 초점을 맞추지 않았다. 대신에 그 치료는 그녀의 먼 과거에 집중하고, 심리적 갈등을 파악하는 데 집중했다. 그러나 Elaine은 자신이 치료를 받으러 가는 것이 그녀의 결혼 문제 해결을 위한 적극적 노력이라고 굳게 믿고 있었다. 이 사례에서, 치료는 의도하지는 않았지만, 일종의 반추로서 기능하고 있을 수도 있었다. 그녀의 행동에 대해 아무것도 하지 않는 것과 관련된 죄책감을 줄여 주는 허위적인 문제 해결의 시도로서 기능했으며, 궁극적으로 그녀의 행동을 변화시키기 위해 Elaine을 도운 것은 아무것도 없었다. 행동활성화치료의 관점에서는, Elaine이 치료를 받으러 가는 것이 일종의 회피였던 셈이다.

14

활성화와 수용

행동활성화치료의 초기 과정에서 다음의 상호작용을 살펴
보자.

치료자: 우리가 하려고 하는 첫 번째 작업은 당신이 다시 활동적일
　　　수 있도록 돕는 것입니다. 침대에서 일어나서 다시 일상생
　　　활을 할 수 있도록 말입니다.

내담자: 나는 너무 우울해서, 내가 그것을 할 수 있을 거라고 생각하
　　　지 않습니다. 만일 내가 기분이 나아지거나, 나 자신이 비
　　　관적으로 되는 것을 멈출 수 있다면, 나는 침대 밖으로 나갈
　　　수 있을 것입니다.

치료자: 나는 당신이 어떤 기분인지 충분히 이해할 수 있습니다. 지
　　　금 당장 다시 활동적으로 되는 것이 불가능하다고 느끼는
　　　것을 이해합니다. 당신이 지금 그렇게 느낄지라도, 이 치료
　　　를 통해 당신이 다시 활동적으로 되도록 도울 수 있습니다.

일단 다시 활동을 시작하면 당신은 더 좋은 감정을 갖기 시작할 것입니다. 기분이 좋아질 때까지 기다렸다가 활동을 시작하는 것의 문제는, 당신이 침대에서 일어나지 못하면 시간이 너무 오래 걸릴 수 있다는 점입니다. 그리고 당신이 거기에 있는 동안 당신의 문제는 더 나빠질 것입니다.

행동활성화치료에서 활성화에 대한 초기 내담자의 반응은 상당히 정상적이고 사실 예상할 수 있다. 내담자는 자신이 조금 더 활동적이 되기 위해서는 자신의 개인 경험, 예를 들어 피로감, 슬픔, 고통 등이 반드시 바뀌어야 한다고 믿는다. 앞과 같은 내담자의 반응과 치료자의 대답을 살펴보면, 언제, 어떻게 우울과 관련된 개인 감정이 치료 과정 동안 바뀌어야 하는지에 대해 행동활성화치료가 상당히 분명한 태도를 갖고 있음을 보여 준다.

이러한 상황을 이해하기 위해 우울증의 현대 행동이론에 대해 간략히 복습해 보자. 우리는 이미 우울증이 현재와 과거 맥락에 의해 통제되는 조작적·행동적 반응을 포함하고 감정적인 반응 같은 반응적 행동은 자동적인 속성을 지닌 반면, 조작적 행동은 자발적인 속성을 지니며 상당히 복잡하다는 점을 논의한 바 있다. 개인이 반응을 보이지 않으려 하거나 혹은 그 반응을 원하지 않는 경우라도, 감정적인 반응은 본질적으로 환경에 의해 유도되기 때문에 자동적인 속성을 지닌다. 따라서 공개 발표를 하는 사람은 땀이 나고 얼굴이 붉어지는 경험을 하게 된다. 그러한 반응이 그 발표에 대한 평가에 부정적인 영향력을 미친다는 사실을 알고 있음에도 불구하고 그렇게 자동적으로 반응하게 된다. 그리고 병원 진찰실에 있는 환자는 헌혈하는 동안 침착하고 진정하려고 노력을 기울여 보아도 혼미해질 수 있다. 이러한 반응적 행동은 통제할 수 없고, 자동적이며, 완전히 자연스러운 반응이다.

반응적 행동의 빈도와 강도는 수정될 수 있다. 사실 노출치료는 반복적인 제시(물론 이때 조건화된 자극과 조건화되지 않은 혐오자극 사이에 연합이 있어서는 안 됨)에 의한 습관화를 통해서 조건화된 정서 반응의 빈도와 강도를 매우 효과적으로 낮출 수 있다 (Foa, Hembree, & Rothbaum, 2007). 다만, 새로 만들어진 연합의 과정 없이, 특정한 상황에서의 특정한 반응적 행동을 통제하는 것은 매우 어렵다고 말할 수 있다. 새로운 학습이 이루어진 후에야 특정 상황에서 그 반응이 일어날 수도 있거나 일어나지 않을 수 있는데, 이것은 통제 불가능하다.

조작적 행동은 조금 다르다. 조작적 행동의 발생 여부는 확률에 근거한다. 다수의, 경쟁적인, 미묘한 과거와 현재의 변수(앞에서 말한 공개 발표의 변수도 포함됨)이 상호작용하여 영향을 미친다. 따라서 조작적 행동은 본질적으로 현재 시점에서 변화하는 것이 더욱 유연하며 다루기도 쉽다. 예를 들어, 공개 발표 중에 얼굴이 상기되는 반응적 행동은 통제하기 불가능할 수 있지만, 발표를 짧게 끊어 버리는 것과 같은 조작적 행동은 다소 어려움이 있어도 통제할 수 있다. 그 사람은 얼굴이 상기되고 숨어 버리기를 원함에도 불구하고 발표를 끝마칠 수 있다. 우리가 행동주의에 따르면, 원하는 경험은 조작적 성향의 경험이고, 행동 발생의 확률은 현재 그리고 과거 변수의 두드러진 정도에 달려 있다. 그러나 우리는 우리가 원하는 것을 할 수 없을 때도 있고, 반대로 우리가 원하지 않는 모든 종류의 일을 할 때도 있다.

  아마 어느 무엇보다도, 행동활성화치료는 내담자에게 스스로 하고 싶지 않거나 그 당시 원하지 않는 것을 하도록 권유하며, 원치 않는 정서 경험에 능동적·의식적으로 다가가기를 권장한다. 따라서 행동활성화치료는 진행하고 있는 반응적 행동을 수용하는 맥락에서, 직접 변화시키는 것을 시도하기보다는 조작적 행동을 활성화하는 데 중점을 둔다. 쉽게 말하자면, 행동활성화치료는 감정을 변화시키는 문제에 대해 '안에 있는 것이 밖으로 영향을 미치기'보다는 '밖에 있는 것이 안으로 영향을 미치는' 방식으로 접근한다(Martell et al., 2001, p. 63). 밖에 있는 것이 안으로 영향을 미치는 변화는 어떤 반응적 행동이 발생할 수 있음에도 불구하고 '안'에 있는 것을 받아들이고, 미리 마련된 계획, 목표, 가치에 따라 행동하는 것을 필요로 한다. 따라서 가장 단순한 활성화 과제라고 할지라도 어느 수준의 수용이 포함되어 있다.

  ACT와 같은 다른 수용적 접근이 그러하듯이, 행동활성화치료 역시 감정적 변화의 목표(예: 좀 더 기분 좋아지기)를 완전히 배제하지 않는다. 행동활성화치료에서는 감정에 대한 단기적 수용이 활성화를 위한 필수사항으로 여겨진다. 그러나 이러한 활성화는 장기적으로는 혐오적인 반응적 행동을 줄이면서, 다양하고 안정적인 정적 강화의 원천과 접촉을 증가시킬 것을 명백한 목표로 삼고 있다. 이러한 제한점에도 불구하고, 마음챙김과 수용을 강조하는 것을 통해 행동활성화치료는 비교적 최신의 심리치료 관점으로서 받아들여지게 되었다. 이러한 최신의 심리치료 관점은 ACT와 DBT를 포함하는, '제3세대'라고 이름 붙여진 행동적 원리와 이론에 근거를 두고 있다(Hayes, Follete, & Linehan, 2004). 또한 감정적인 반응을 멈추려고 직접 노력하는 것보다, 수용적 개입방법이 혐오적 감정 반응에 대해 더 큰 감내력을 가져오고, 혐오자극 노출에 대해 더 큰 자발성을 낳게 한다는 경험적 지지 근거가 늘어나고 있다(Hayes, Luoma, Bond, Masuda, & Lillis, 2006). 다른 말로 하면, 역설적이지만, 혐오적인 감정 반응에 대한 수용은 사실 그것을 줄이는 최고의 전략이 될 수 있다.

2부

행동활성화치료의 실제적인 요소

15

구조의 특징

　우리는 이 책의 2부에서 특정한 구조를 따라 조직화한 행동활
성화치료의 구체적인 기법을 제시한다. 1장에서 논의했던 것처
럼, 각각 다른 것을 강조하지만 일련의 기법을 공통적으로 갖고
있는 서로 다른 종류의 행동활성화치료들(BA와 BATD)이 존재한
다. 이 책의 목적은, 행동활성화치료의 효율성, 실행의 편의성,
그리고 유연성을 극대화하는 반면, 기능적으로 조직화된 이러
한 기법이 결합하는 구조를 제공하는 것이다. 그 안에는 치료 초
기에서의 단순하고 강력한 활성화 개입, 5장에서 제시한 행동적
ABC모델과 부합하는 간결한 기능 분석 전략(단순한 활성화가 성
공적이지 않았던 내담자에게 사용됨), 진행 중인 기능적 평가의 결
과에 근거하여, 개별적으로 맞춰진 치료를 가능케 하는 부가적
인 행동활성화치료 기법이 포함되어 있다.

　[그림 15-1]에서는 이러한 전반적 구조를 제시하며, 주요 행동
활성화치료 기법을 자세히 다루고 있는 차후 장들의 개요를 제

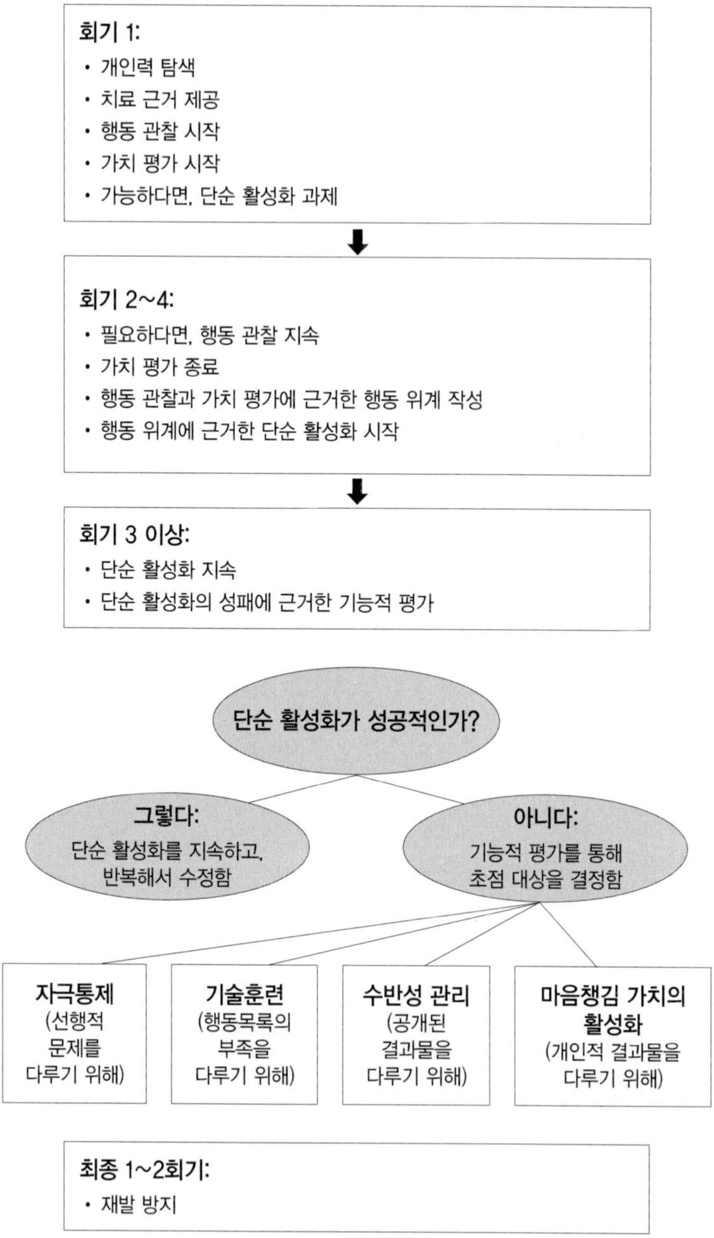

회기 1:
- 개인력 탐색
- 치료 근거 제공
- 행동 관찰 시작
- 가치 평가 시작
- 가능하다면, 단순 활성화 과제

회기 2~4:
- 필요하다면, 행동 관찰 지속
- 가치 평가 종료
- 행동 관찰과 가치 평가에 근거한 행동 위계 작성
- 행동 위계에 근거한 단순 활성화 시작

회기 3 이상:
- 단순 활성화 지속
- 단순 활성화의 성패에 근거한 기능적 평가

단순 활성화가 성공적인가?

그렇다:
단순 활성화를 지속하고,
반복해서 수정함

아니다:
기능적 평가를 통해
초점 대상을 결정함

자극통제
(선행적
문제를
다루기 위해)

기술훈련
(행동목록의
부족을
다루기 위해)

수반성 관리
(공개된
결과물을
다루기 위해)

**마음챙김 가치의
활성화**
(개인적 결과물을
다루기 위해)

최종 1~2회기:
- 재발 방지

[그림 15-1] 행동활성화치료의 구조

시한다. 첫 회기에서는 표준화된 개인력 탐색과 치료 근거(16장), 초기 행동 관찰의 과제(17장), 초기 가치 평가(18장), 단순한 활성화 과제의 제시(19장) 등이 포함된다. 이 단순한 활성화 과제는 행동활성화치료의 능동적 속성을 마련하는 데 중요하고, 내담자에게 희망감을 주입하며, 첫 회기 후에 획득될 초기 치료 효과의 가능성을 극대화한다(Bush, Kanter, Landes, & Kohlenberg, 2006).

2회기에서 치료자는 필요하다면 행동 관찰을 지속하며, 가능하면 가치 평가를 완료한다(가치 평가는 추후 회기에서 지속할 수도 있음). 그리고 행동 관찰과 가치 평가로부터 알게 된 사실에 근거하여 초기 행동 위계를 작성한다. 19장에서 논의되는 것처럼, 이러한 행동 위계는 다음 몇 회기를 위한 단순 활성화에서 길잡이 역할을 한다. 치료는 단순 활성화에 중점을 두고(19장), 단순 활성화 과제를 검토하고(20장), 단순 활성화의 성패에 대한 기능적 평가에 집중한다(21장).

이러한 초기 회기가 끝나고 치료는 좀 더 가변적일 수 있다. 많은 내담자는 단순 활성화만으로도 주요한 효과를 경험할 수 있으며 치료는 더 복잡해질 필요가 없다(Hopko, Lejuez, Ruggiero, & Eifert, 2003). 기능적으로 볼 때, 이러한 내담자의 우울 문제는 정적 강화물과의 접촉행동이 감소된 것으로 설명할 수 있으며, 그들은 잠재적으로 환경 속에서 정적 강화물과의 접촉이 가능한 사람들이다. 이러한 내담자는 일단 행동목록이 활성화되면 정적 강화와 접촉하는 목록이 비교적 문제 없음을 보여 줄 수 있고, 활성화의 동기가 부적 강화나 처벌의 역사 때문에 심각하게 복잡하지는 않다.

예를 들어, Helen은 직장을 잃고는 친구가 많지 않은 새로운 도시로 이사해서 우울증을 겪었다. 그녀는 그 후 운동, 집 청소, 옛 친구와의 연락을 그만두었고, 조금 노력해 본 후에는 새로운 직장을 알아보기 위한 노력도 멈췄다. 단순 활성화가 효과를 보았는데, 다음과 같은 활성화 과제를 수행한 첫 주 후에 Helen은 빠르게 활동적으로 바뀌었다. (그녀가 좋아했던) 춤추기를 운동 삼아 집 안에서 매일 하기, 옛 친구들과 전화하기, 사교와 고용의 두 가지 목적을 위해 지역 내에서 교류하기 등이 활성화 과제였다. 그녀가 곧바로 새 친구를 만들지도 못했고 새로운 직업을 구하지 못했음(이는 몇 주 이상 시간이 걸렸다)에도 불구하고, 그녀는 즉각적으로 기분이 좋아지기 시작했고, 그동안 무기력 때문에 더욱더 깊은 우울증의 소용돌이로 빠져들었음을 깨닫게 되었다.

그러나 단순 활성화가 다른 내담자에게는 충분하지 않을 수 있다. 따라서 21장에서는, 초기 회기 동안 실패한 단순 활성화에 대한 기능적 평가가 행동적 ABC모델에 근거해서 부가적인 행동적 개입을 이끌어 내는 방법을 살펴보게 된다. 구체적으로 살펴보면, 자극통제 개입(22장)은 행동의 선행사건과 관련된 문제를 목표로 하고, 기술 훈련 개입(22장)은 행동목록 그 자체와 관련된 문제를 목표로 한다. 그리고 수반성 관리(24장)와 마음챙김 가치 활성화 개입(25장)은 결과물(예: 우울증 행동에 대한 과도한 정적 혹은 부적 강화)과 관련된 문제를 목표로 한다. 수반성 관리 개입은 외부 환경 내 결과물(예: 활성화를 시도하는 우울증 내담자를 부지불식간에 처벌하는 배우자)에 중점을 두는 반면, 마음챙김 가치 활성화 개입은 내부적이고 사적인 결과물(예: 회피행동을 부적으로 강화하는 일시적인 불안 감소)에 중점을 둔다. 좀 더 기능적이고 유연한 행동활성화 개입은, 앞과 같은 전략에 의해 목표한 좀 더 어려운 문제가 개선을 보일 때까지, 치료의 전 과정에 걸쳐 적용할 수 있다. 마지막으로, 행동활성화치료에 대한 우리의 접근은 재발 방지 전략(26장)과 함께 끝이 난다.

행동활성화치료 회기의 구조

전형적인 행동활성화치료의 회기를 살펴보면, 치료자와 내담자가 구체적인 기능적 행동 변화에 초점을 맞추도록 구성되어 있으며, 전형적인 인지행동치료의 회기(예: 의제 설정, 과제 부여 및 검토, 내담자 스스로 요점 정리하기, 회기에 대한 내담자 피드백 듣기)와 유사하다. 행동활성화치료의 회기는 내담자의 우울증 증상을 살펴보는 것[예: 벡 우울척도(Beck Depression Scale); Beck, Steer, & Brown, 1996]과 함께 시작한다. 우리는 또한 치료자가 우울함에 대한 행동활성화 척도(Behavioral Activation for Depression Scale; Kanter, Mulick, Busch, Berlin, & Martell, 2007; Kanter, Rusch, Busch, & Sedivy, in press)를 검토해 볼 것을 권고한다. 이 척도는 내담자가 치료 과정 동안 행동활성화의 정도를 측정하기 위해 고안되었다. 행동활성화치료 회기의 대부분은 지난주 과제 검토하기, 새로운 과제 고안하기, 새로운 과제를 완수하는 데 잠재적인 걸림돌이 되는 문제 해결하기(20장) 등을 위해 쓰인다. 특히 구체적인 과제의 검토는 본질적으로 치료자가 내담자의 삶에 대해서 배우는 과정이다. 부여되는 과제의 본질은 내담자가 치료와 기능 분석에서 어디쯤 위치하는가에 달려 있다. 각 회기는 간략한 회기의 검토로 종료되는데, 이때 치료자는 내담자에게 회기에서 도움이 된 것과 도움이 되지 못한 것에 대한 피드백을 요청할 수 있다.

16

초기의 치료 근거

첫 회기에서 행동활성화치료자는 내담자의 이야기를 경청하고, 1부에서 논의되었던 우울증의 환경적 요소에 대해 평가한다. 이상적이라면, 회기의 종료 무렵에 치료자는 내담자의 문제에 대한 행동적 개념화를 요약해 주고, 개인력의 주요 요소를 포함해서 치료적 근거를 제시해 줄 수 있다. 그 요약은 개인력의 주요 환경적 요소와 내담자에게 영향을 미치는 감정적 영향을 강조해야 한다. 그러한 요약이 치료자를 공감적이고, 타당화해 주며, 지지적인 존재로 인식하게 할 수 있다. 그 요약은 비난하는 내용이 되어서는 안 되며, 힘들고 부정적인 삶의 사건에 대한 정상인의 반응으로서 우울을 강조해야 한다. 그 요약은 또한 뒤따르는 활성화 과제를 수립한다. 예를 들어, 치료자는 다음과 같이 얘기할 수 있다.

당신의 이야기를 들었습니다. 내가 들은 이야기를 1~2분에 걸쳐 요약하려고 합니다. 괜찮으시죠? 전반적으로 제가 말하고 싶은 것은, 당신이 정말 많은 것을 겪어 왔고, 그리고 겪고 있는 모든 것의 맥락에서 당신의 우울증이 진심으로 이해된다는 것입니다. 첫째, 당신은 당신의 남자친구와 어떻게 헤어졌는지 그리고 그것은 단지 남자친구의 상실이 아니라, 그와 함께 진심으로 희망과 미래를 꿈꾸었기에, 그것들 또한 상실한 것임을 이야기했습니다. 둘째, 당신의 부모님으로부터 당신이 누구인지 혹은 당신이 무엇을 원하는지 이해받지 못했다는 것 그리고 당신의 어머니가 끊임없이 당신에게 종교를 강요했고 그로 인해 종교로부터 더욱 멀어졌다는 것을 이야기했습니다. 따라서 이상적으로만 말하자면 당신을 지지해 주는 부모님이 있어야 하지만 지금 이 세상에서는 그 부분이 없는 것입니다. 셋째, 당신이 얼마나 학교생활에서 몸부림치고 있고, 그것이 얼마나 당신에게 끊임없는 스트레스의 원천이 되는지 이야기했으며, 또한 왜 당신이 학교생활을 해야 하는지 혹은 당신이 그러한 삶을 벗어나서 무엇을 원하는지 정말 모른다고 이야기했습니다. 그래서 당신은 그로부터 많은 의미 혹은 즐거움을 얻지 못합니다.

나는 상실, 갈등, 부정적인 것으로 가득 차고 긍정적인 것은 거의 없는 삶을 보았습니다. 그리고 삶이 이렇게 됐을 때, 다른 사람도 당신처럼 느꼈을 것입니다. 당신이 그런 방식으로 느끼는 것에는 잘못된 것이 없습니다. 당신은 미치지 않았고, 나약하거나 결함이 있는 것도 아닙니다. 다른 이가 당신의 삶을 살게 된다면, 당신이 느끼는 것과 같은 것을 그들도 느끼게 될 것입니다.

그래서 우리는 당신의 삶을 다시 의미 있고 즐겁게 만들 방법을 찾으려고 합니다. 우리가 첫 번째로 할 일은, 삶에서 당신이 활동적이며 적극적일 수 있도록 만들고, 목표를 향해서 움직이거나 혹은 그 목표가 무엇인지 알아내는 쪽으로 나아갈 수 있게 만드는 것입니다. 그러한 방향으로 나아가도록 하는 것이 당신에게 이 문제의 일부를 해결하기 시작하는 것처럼 느끼게 해 줄 것입니다. 그리고 단순히 그렇게 움직이는 것이 당신의 삶에 재미와 기쁨을 다시 가져올 것입니다. 어떻게 생각하십니까?

또한 행동활성화치료자는 행동활성화치료가 경험적으로 지지받는 치료적 접근법이며, 과학적 연구를 통해 많은 사람이 도움을 받아 입증된 치료법이라는 것을 내담자들과 함께 논의해야 한다. 본질적으로, 치료자는 내담자에게 치료가 합리적이며 효과가 있을 것이라는 희망과 낙관성을 알려 주려고 노력한다.

17

행동 관찰

행동 관찰은 행동치료의 측정 도구로서 오랫동안 사용되었으며, 연구에 따르면 그 자체로서 중요하다(Heidt & Marx, 2003). 행동 관찰은 행동활성화치료(BA)와 우울증에 대한 간략한 행동활성화치료(BATD) 모두에 포함된다. 내담자의 특정 행동의 빈도와 패턴, 그리고 반복 후 영향의 정도나 한계에 대한 자세한 정보를 얻기 위해, 첫 회기에서 초기 행동 관찰이 이루어지기를 권유한다. 치료자와 내담자는 내담자에게 가장 잘 적용될 행동 관찰의 특정 양식을 협력적으로 결정해야 한다. 필요한 정보를 치료자에게 제공해 줄 수 있다면, 그 형식은 전통적인 행동 도표(단순히 날짜/시간으로 구획된 형식)일 수도 있고, 달력, 일간 계획표, 수첩, 혹은 일기장(매일 밤 내담자가 자신의 하루에 대한 일기를 씀)의 형식이 될 수 있다. 일반적으로, 가장 정확한 기록을 얻기 위하여, 내담자는 그 주 내내 행동을 관찰하고 그것을 반복적으로 기록할 것을 요청받는다. 그러나 종종 내담자는 밤에 하거나 혹은 회기 바로 전에 기억을 더듬어 기록할 수 있다. 치료자는 수집된 어떤 정보라도 도움이 되는 것으로 간주해야 한다.

행동 관찰을 왜 시키나

행동 관찰은 내담자의 기본적인 기능 수준과 행동의 수준에 대해서 비교적 정확한 정보를 제공한다. 기본적인 기능 수준을 수립하는 것은, 치료 후의 기능 수준과 비교를 위해서 중요하고, 또한 행동활성화치료자는 성공적으로 완료할 수 있도록 점진적인 과제를 할당하기 위해서 중요하다. 행동 관찰은 또한 내담자에게 자신의 현재 행동 수준에 대한 이해의 정도를 증가시켜 줄 수 있다.

가장 중요한 점은 행동 관찰을 통해 사례개념화와 특정 활성화 과제로 이끄는 중요한 정보를 얻을 수 있다는 점이다. 예를 들어, 만일 첫 회기에서 내담자가 낮에 해야 할 일을 방해받을 만큼 낮잠을 자주 잔다고 보고했다면, 치료자는 그 내담자에게 낮잠 시간 가까이 일어나는 사건과 감정에 특별히 주의를 기울이라고 요청할 수 있다. 그 내담자는 자기가 혼자 집에 있고 외로움을 느끼며 혹은 지루했던 날에 종종 낮잠을 잤다고 알려 주는 행동 관찰 도표를 기록할 수 있다. 이 정보로부터 내담자의 낮잠은 그녀의 외로움 혹은 지루함을 감소시키는 역할을 담당하고 있음을 추측할 수 있으며, 따라서 이 경우 이러한 지루함을 줄일 수 있는 대안적인 행동을 부과할 수 있다.

내담자는 무엇을 관찰해야 하는가

초기 행동 관찰 과제는 종종 단순하게, 회기 사이의 모든 행동을 내담자로 하여금 매시간 관찰할 것을 요구한다. 예를 들어, 각 행동의 기분, 숙달 정도 또는 즐거움 등과 같은 우울증과 관련된 부가적인 변수도 0에서 10까지 간단한 수치를 사용함으로써 확인할 수 있다. 반대로, 치료자는 내담자에게 행동하는 동안 자신의 기분이 어땠는지를 기록하도록 요청할 수 있으며 그 기분은 내담자에게 맞게 설정할 수 있다(예: 행복하다, 화가 나다, 슬프다, 또는 불안하다). 초기 관찰을 통해 더 특정한 행동의 관찰로 연결할 수 있으며, 그 행동은 수면, 카페인이나 알코올 사용, 시간 보내기 용의 TV 시청이나 홀로 지내기, 비디오게임, 혹은 다른 관련된 행동이 될 수 있다.

상당히 포괄적인 행동 관찰 과제의 제시는 다음과 같이 이루어질 수 있다.

당신의 현재 행동 수준을 측정하고 왜 우울해졌는지 이해하기 위해 이 도표를 채워 주십시오. 저는 아직 당신의 일상이 어떠한지 알 수 없으므로, 가능한 한 많은 일상과 관련된 것들을 기록해 주기 바랍니다. 그러한 행동이 소소해 보이거나 중요해 보이지 않더라도 기록해 주십시오. 한 가지 우리가 해야 할 것은, 다양한 상황과 행동에서 당신의 기분이 어떻게 달라지는가 조사하는 겁니다. 그래서 당신의 기분 또한 평정해 주기 바랍니다. 당신이 기록하는 각각의 행동에 대해, 당신의 기분을 0부터 10의 범위에서 측정할 수 있습니까? 0은 기분이 좋지 않은 것을 나타내고 10은 기분이 좋은 것을 나타냅니다.

행동 관찰의 걸림돌

내담자는 흔히 행동 관찰을 유치하게 여긴다. 내담자로 하여금 관찰 내용과 기록 방식을 결정하도록 유도하면, 이러한 반응이 줄어들 수 있다. 행동 관찰은 오직 몇 주 동안만 진행되고, 치료자가 기본적인 행동 수준을 가능한 한 정확하게 측정하는 데 이 정보가 매우 도움이 된다는 사실을 일러 주는 것이 종종 도움된다.

역설적으로, 행동 관찰을 유치하게 보는 내담자가 그것을 지나치게 힘든 일로 경험할 수 있다. 특별히 무기력하고 비활동적인 내담자의 경우, 행동의 증가 혹은 규칙적으로 해야 할 일을 만드는 시도는 매우 힘든 경험일 수 있다. 이러한 내담자에게는 행동 도표를 완성하는 것이 활성화 과제이며, 또한 그렇게 취급되어야 한다(19장 참조). 심지어 부분적인 진전이라도 도움이 될 것이며, 완수하는 데 방해가 되는 장애물을 논의할 수 있다는 사실이 내담자에게 공지되어야 한다.

다른 내담자의 경우, 내담자가 하고 있거나 하고 있지 못한 행동이 무엇인가에 따라, 행동 도표를 작성하는 것이 창피하거나 부끄러울 수 있다. 예를 들어, 인정하고 싶지 않으나 인터넷을 통해 포르노를 보는 데 몇 시간씩 시간을 들이는 등 불법적인 행동에 관여하는 내담자가 있을 수 있다. 혹은 늦은 오후까지 침대를 벗어나지 못하는 여성 내담자는 그 사실을 인정하는 것이 부끄러울 수 있다. 그러한 내담자는 치료자와 믿을 만한 치료 관계를 발전시키는 데에는 시간이 좀 걸린다. 그러나 어떤 정보도 숨겨지는 것보다는 낫고, 치료자는 내담자의 행동을 판단하지 않을 것이며, 그 목적은 내담자를 돕는 것이고, 비록 불법적인 행동이라도 비밀보장이 되고 보호된다(예외사항은 내담자에게 분명히 고지되어야 함)는 사실을 내담자에게 알려 주는 것이 치료의 진행에 속도를 낼 수 있다.

몇몇 내담자는 행동 관찰을 수행하지 않는다. 이것은 여러 요인의 복합적인 결과일 수 있고, 21장의 내용처럼 기능적 평가 절차의 계기가 되어야 한다. 어떤 내담자는 다른 행동을 회피하기 위한 목적으로 행동 관찰 과제를 지나치게 철두철미하게 수행한다. 예를 들어, 만일 어떤 내담자가 행동 관찰 양식을 작성하는 데 하루에 한 시간씩 썼다면 이것은 지나치게 많은 시간이다. 행동 관찰에 시간 제한을 설정하는 것이 도움이 될 수 있다. 그러한 내담자에 대한 또 다른 대안은, 행동 관찰 양식을 1주일에 2일씩만 작성하도록 하는 것이다(예: 주 중에 하루 그리고 주말 하루).

행동 관찰 검토하기

과제와 관련해서, 치료자가 다음 회기에서 관찰 과제를 검토하고 그 과제의 유용성을 강조하는 것은 필수적이다. 관찰하려는 시도는 무엇이든지 처음부터 분명하게 강화해 주는 것이 효과가 있다. 일반적으로, 관찰의 양식은 행동 부족(예: 집 밖으로 절대 나가지 않기), 행동 과다(예: 온종일 잠자기), 그리고 기분과 행동 사이의 관계(예: 친구와 이야기할 때 기분이 고양됨)에 대해 검토해야 한다.

우리가 빈번히 직면해 왔던 어려움은, 치료자가 전체 회기 내내 내담자의 자기관찰 과제를 검토하는 데 소비하고 부가적인 내용을 얻을 수 없는 경우다. 만일 이런 일이 발생한다면, 첫 번째 대안은 내담자에게 격주로 행동 관찰 양식을 작성하게 하는 것이다. 만일 가능하다면, 치료자는 내담자가 대기실에서 서류 작업을 하고 있을 동안에, 행동 도표에 대한 더욱 구조화된 검토를 하기 위해 회기에 앞서 행동 도표를 검토할 수도 있다. 또 다른 대안은 행동 관찰을 검토하기 위한 특정한 시간 제한을 설정하는 것이며, 한 주 동안의 최고 점수와 최저 점수만을 검토할 수도 있다.

치료 관계에서 행동 관찰하기

행동활성화치료자로서 우리는 좋은 행동주의자가 되는 것을 목표로 한다. 그리고 행동주의 관점으로 이야기하면, 행동이 발생하는 치료 시간 동안에 실제 행동을 관찰하고 개입하는 것보다 더 강력한 것은 없다(Kohlenberg & Tsai, 1991). 따라서 표준적인 행동 관찰을 넘어서서, 치료자는 항상 치료 회기 시간 중 내담자의 행동 수준에 주의를 기울여야 한다(Kanter, Muñoz, Busch, & Rusch, 2008). 예를 들어, 내담자가 회기의 정시에 나타나는가? 눈 맞춤을 하는가? 압박을 받으며 이야기하는가? 느리고 단조로운 톤으로 이야기하는가? 어려운 상담 주제를 회피하는가? 자는 모습으로 보이거나 혹은 주제에 머무르는 데 어려움을 갖는가? 과제 수행에 수동적으로 반응하는가? 이러한 관찰은 표준적인 행동 관찰이나 가치 평가와 함께 종합해서, 행동의 위계나 활성화 과제를 만들어 낼 수 있다.

18

가치 평가

　행동활성화치료의 목표는, 다양하고 안정적인 정적 강화의 원천과 접촉을 만들어 내고 의미와 목표를 지닌 삶을 창출하는 것이다. 우리의 건설적인 목표는 증상의 감소와 반대되는 것이 아니다. 왜냐하면 우울 증상이 정적 강화와의 접촉 증가를 통해 감소할 수 있기 때문이다. 그러나, 증상의 감소는 줄이고 싶은 증상을 기꺼이 경험할 때 가장 잘 감소하듯이, 삶의 힘든 영역에서 활성화하는 작업은 증상의 감소와 역설적 관계에 있기도 하다. 따라서 행동활성화치료의 목표들은 감소해야 할 증상이 아니라 활성화되어야 할 대안적인 행동들이다. 이 장에서 우리는 이러한 대안행동을 결정하고 활성화 과제를 안내하는 수단으로서 가치의 평가를 논의하게 된다.

　행동활성화치료의 많은 저자들(예: Gaynor & Harris, 2008; Lejeuz, Hopko, & Hopko, 2001; Martell et al., 2001; Veale, 2008)에 따르면, 내담자의 가치를 평가하는 중요성은 활성화 과제를 이

끌어 내는 것에 있다. Steve Hayes와 동료들은 행동치료의 중요
한 수단으로서 가치를 처음 제안했고, 수용마음챙김치료의 일
부로서 가치와 함께 작업하는 방법에 대해 깊이 있는 논의를 제
공했다(Hayes et al., 1999). Lejuez와 동료들(2001)은 수용마음챙
김치료의 가치 평가로부터 많이 차용하여 간단한 초안을 마련
했다. 여기에서 제안되는 개입방법은 Lejuez와 동료들의 초안과
수용마음챙김치료에 근거를 두고 있으며, 이들을 약간 다듬고
수정하여 마련되었다.

가치를 논의하고, 그러한 가치의 측면에서 활성화를 구상하는
것은 활성화를 좀 더 의미 깊게 만들어 줌으로써 활성화의 과정
을 강화해 주게 된다. 그 개입법은 단순하고 가치 있는 삶의 영
역 목록과 함께 시작된다. 특정 삶의 영역 목록은 치료자와 내담
자가 적절하게 변형할 수 있다. 수용마음챙김치료를 위해 고안
된, 가치화된 삶의 설문지(Valued Living Questionnaire: VLQ)에 근
거하여 다음의 목록을 고안하였다.

- 결혼, 연애, 친밀한 관계
- 양육
- 다른 가족과의 관계
- 우정, 사회적 관계
- 고용, 의미 있는 직업
- 교육, 훈련, 평생학습
- 여가, 취미, 창의적이고 예술적인 표현

- 영성
- 시민권, 공동체, (정치적 목적의) 행동주의, 이타주의
- 육체적 행복, 건강, 영양, 스스로 돌보기
- 삶의 조직화, 시간 관리, 훈육, 재무 상태
- 기타

첫 회기에서, 치료자는 내담자에게 과제로서 이 목록을 제시해 줄 수 있다. 치료자는 내담자로 하여금 그것을 들여다보고 자신에게 중요한 영역에 대해 생각해 볼 것을 제안할 수 있다. 추후 회기에서, 치료자와 내담자는 가치를 명확하게 하도록 협력적으로 작업하고, 구체적인 행동 목표를 탐색할 수 있다. 가치 명료화 작업에서 다음 질문이 도움될 수 있다.

- 지난주 당신의 행동은 이러한 가치와 얼마나 관련되나요?
- 이 분야에서 어떤 종류의 사람이 되고 싶습니까?
- 이 분야와 관련된 구체적인 목표로 당장 무엇을 생각할 수 있나요?

이러한 질문을 통해, 치료자와 내담자는 내담자의 가치와 목표에 관련된 특정한 활성화 과제를 함께 만들 수 있다. 이것은 필요시 치료과정 전반에서 다시 논의할 수 있다.

가치화된 삶의 질문지(Wilson et al., 2008)는 행동활성화치료에 도움이 되는 과정으로서 포함된다. 구체적으로 살펴보면, 내담

자는 각각의 가치가 그들에게 얼마나 중요한지를 1에서 10까지의 척도로 평가할 것을 요청받는다. 그리고 지난주 동안 자신의 행동이 각각의 가치와 얼마나 관련되는지를 1에서 10까지의 척도로 평가할 것(앞의 첫 번째 질문)을 요청받는다. 중요성 평가와 관련성 평가 사이의 불일치 정도와 일치 정도를 관찰하는 것은, 활성화 과제를 구조화하는 데 내담자에게 도움이 될 수 있다.

이 과정의 성공을 극대화하는 데 도움이 될 몇 가지 고려사항이 있다. 첫째, 활성화 과제로 연결할 수 있도록 가치를 정의하는 것이 중요하다. Hayes와 동료들(1999)에 의하면, 가치는 이상적이며, 절대로 완벽하게 획득되거나 만족될 수 없다. 가치를 이루는 것에 대한 가장 대표적인 비유는 한쪽 방향으로 나아가는 것이다. 당신은 서쪽으로 계속 갈 수 있지만, 절대로 서쪽을 만날 수 없다. 따라서 가장 유용한 가치는 활성화 과제와 관련된 구체적인 방식에 따라 방향을 제시하는 방법으로 규정된다. 가치는 또한 내담자의 행동에 대한 결과물의 관점이 아니라, 내담자의 행동 그 자체로서 진술될 때 가장 유용하다. 예를 들어, "나는 좋은 아빠가 되는 것에 가치를 둔다."라고 말하는 것이 "나는 아이들이 나를 사랑하는 것에 가치를 둔다."보다 낫다. 왜냐하면 전자는 내담자의 행동으로 진술된 것이고 따라서 더 구체적인 목표와 과제로 연결될 수 있기 때문이다. 가치를 구체적인 행동적 목표로 변형하기 위해서는 '가치화'를 일종의 행동(누군가가 행하는 어떤 것)으로 보는 것이 도움될 수 있다. 내담자에게 다음과 같이 물을 수 있다. "이번 주 동안 좋은 아버지가 되기 위한 가치를 어떻게 실행했나요?"

증상 감소("나는 우울하지 않은 것에 가치를 둡니다.")는 행동활성
화치료 내에서 받아들여지지 못할 가치이며, 또한 어떠한 특정
감정 상태("나는 행복한 것에 가치를 둡니다." 혹은 "나는 편안한 것에
가치를 둡니다.")는 획득하지 못한다는 것을 이해하는 것이 중요
하다. 우리가 이미 논의했던 것처럼, 감정 상태에 집중하는 것의
문제는 감정 상태가 일시적인 것이며 대체로 통제할 수 없다는
점이다. 그러한 가치를 언급하는 내담자는 건설적인 행동적 가
치의 방향으로 부드럽게 안내되어야 할 필요가 있다. 예를 들어,
치료자는 다음과 같이 말할 수 있다.

저 또한, 당신이 덜 우울해지기를 원하고 우리의 치료가 희망적으
로 그것을 도와줄 것입니다. 당신이 우울증으로부터 자유롭다면 당
신의 삶이 어떨지 생각해 보는 것이 그것을 위한 최선의 방법이라는
사실을 우리는 알고 있습니다. 당신이 우울하지 않으면 가족, 아이
들과 무엇을 하고 있을지, 또는 경력을 위해 무엇을 하고 있을지 생
각해 보세요. 우울증이 사라져 버리는 것을 기다리지 않고, 우울을
극복할 수 있도록 제가 당신을 도울 것입니다. 이것이 어렵게 여겨
진다는 것을 압니다. 심지어 불가능하다고 여겨질 수 있지만, 실상
그렇지 않다는 것을 제가 보장합니다. 현재 단계는 이러한 감정에서
벗어나서, 당신이 삶에서 실제로 원하는 것의 방향으로 초점을 바꾸
는 것입니다.

셋째, 우리가 제공하는 잠재적인 가치의 목록은 매우 구체적이다. 가치를 상세히 기술하는 다양한 대안적 방법도 물론 사용할 수 있다. 현재 목록은 마음속 구체적인 활성화 과제의 궁극적인 목표와 함께 만들어졌다. 따라서 명확하고 구체적인 삶의 영역을 대표하는 가치의 영역이 선택되었다. 그러나 내담자는 주관적으로 다양한 수준에서 가치를 논할 수 있다. 예를 들어, Christine은 "나는 다재다능한 사람이 되는 것에 가치를 둔다."라고 말하고, Bill은 "나는 진실해지는 것에 가치를 둔다."라고 말한다. Christine의 사례에서, 치료자는 Christine에게 어떻게 그녀가 다재다능해지기를 원하는지 생각해 보는 방법으로서 삶의 영역에 대한 목록 만들기를 제안했다. Bill의 사례에서, 치료자는 Bill이 각각의 영역에서 좀 더 진실한 행동을 활성화할 수 있는 맥락으로 함께 각각의 가치 영역을 살펴볼 것을 제안했다. 행동활성화치료에서 늘 그렇듯이, 추상적인 것에서 구체적인 것으로 이동시키는 것은 치료자의 기술에 해당하며, 그것은 내담자가 치료 경험에서 원하는 의미와 목적과 부합되는 방식으로 진행된다.

가치 평가의 어려움

우울증을 가진 몇몇 내담자는 가치를 갖고 있지 않다고 보고할 수 있다. 이러한 내담자에게는 기능적 평가(21장)가 문제의 본질을 파악하는 데 도움될 수 있다. 몇몇은 단순히 가치에 대해서 한 번도 생각해 보지 않았을 수 있다(이는 자극통제가 문제가 됨; 22장 참조). 몇몇은 단호하게 가치가 무익하다고 주장할 수 있다. 이러한 내담자의 경우, 가치화하는 것은 일종의 행동으로서 처벌받아 왔고 소거된 것으로 여겨진다. 오랫동안 몸부림치다가 실패한 경험은 절망의 결과를 가져왔을 수 있고, 가치, 희망, 꿈에 대해 논의하는 것은 적극적 · 지속적으로 회피해야 할 고통스러운 회상이 될 수 있다. 다른 경우, 아마도 어린 내담자는, 부모로부터 부정적인 상호작용과 억압을 받은 것이 가치와 목표에 대해 적극적으로 회피하는 결과를 초래해 왔을 수 있다. 이는 가치행동이 자신을 위해 할 수 있는 것 대신에 부모를 위해 해야만 하는 어떤 것으로서 확립된 수반성에 대한 반응일 수 있다.

　이러한 두 가지 사례에서 가치 작업은 간단하지 않을 것이다. 분명 인내가 요구될 것이고 그 작업은 다룰 수 있게 작은 부분으로 쪼개져야 할 것이다. 예를 들어, 만일 한 내담자가 초기 가치 평가 과제에 의해 압도당하는 느낌이 든다면, 치료자는 하나나 두 개의 영역에만 집중할 것을 제안할 수 있다. 다른 내담자에게도 초기 치료에서의 가치 작업이 불가능할 수도 있지만, 내담자가 가치를 인식하는 능력이 부족하다 하여 다른 수단을 통해 활성화 과제를 발전시키는 것까지 포기해서는 안 된다. 내담자가 몇몇 활성화에서 성공한 후, 가치에 대한 상세한 기술이 이후의 치료 과정에서 다시 논의될 수 있으며, 그런 때에 조금 더 희망적일 수 있고 성공적일 수 있다.

19

단순 활성화

행동활성화치료의 가장 기본적인 개입은, 회기 사이에 다양하고 안정적인 정적 강화의 원천과 접촉할 수 있도록 우울하지 않은 행동에 개입시키는 것이다. 행동활성화치료에 포함된 많은 치료 기법이 이 책에서 논의되었지만, 기본적인 행동 계획은 사실 행동활성화치료의 실증적인 성공을 좌우하는 핵심 요소가 될 수 있다. 만일 누군가 우울증에 대한 행동적 치료법의 모든 연구에 포함됐던 치료 요소를 검토한다면, 우울하지 않은 행동을 계획하는 것은 공통 요소가 될 것이다(Cuijpers et al., 2007). 또한 Jacobson과 동료들은 그들이 수행한 인지치료 요소 분석(1996)에서 단순 활성화가 전체 인지치료 패키지의 경험적인 성공에 영향력이 있음을 제안했다. 이 연구 이후로, Jacobson과 동료들은 대규모의 무선 시행에서 매우 잘 수행된 행동활성화치료 버전(Martell et al., 2001)을 발전시켰다(Dimidjian et al., 2006). 이 버전은 행동 계획을 포함하며, 특히 보통 수준부터 심각한 수준의 우울증에 걸린 내담자까지 특히 중요할 수 있는 회피에 대해 최우선적인 중점을 두었다.

　이런 이유로, 우리는 비교적 덜 다듬어진 행동 계획(단순 활성화라고 이름 붙인)에 초점을 맞추고, 만일 단순 활성화가 효과가 없으면 좀 더 복잡한 개입으로 옮겨 회피에 중점을 두게 되는 내용이 포함된 프로토콜을 소개한다. 우리가 단순 활성화라고 부르는 것은 Martell과 동료들의 주장(2001)에 부합되지만, 많은 부분은 Lejuez와 동료들의 것(2001)으로부터 차용되었다. 그들은 행동 계획이 개별적인 가치 평가에 기반을 두어야 하고, 더 정교한 기법 없이 진행된 행동 관찰에 기반을 둬야 한다고 주장한다. 필연적으로, 치료자는 행동의 위계 목록을 만들기 위해 행동 관찰로부터 만들어진 활성화 목표와 가치 평가로부터 만들어진 활성화 목표를 통합하게 된다. 이 위계는, 불안장애를 위한 노출치료(예: Franklin & Foa, 2008)에서 행하는 위계적 노출과 비슷한 기능을 한다. 그 목표는 다양한 난이도 수준을 보이는 행동의 목록을 생성하는 것이다. 내담자는 점차 어려워지는 행동을 수행함으로써 점진적으로 성장하고 꾸준히 상위 단계로 올라갈 수 있다. 행동 관찰과 가치 평가로 형성된 단순 활성화에 부가해서, 내담자가 수행하다가 정지했던 기본 행동(예: 세탁, 위생 관리)에 대해 의문을 갖고, 필요시 이러한 행동을 목록에 통합해야 한다.

　〈표 19-1〉은 처음 2주간의 회기 후 채워진 목록까지 포함한 행동 위계의 예시다(완전한 위계는 치료가 진행되면서 기록될 부가적인 행동을 기입할 수 있도록 남겨진 페이지 아래 빈 줄까지 포함할

것이다). 행동을 적는 것에 더해서, 이 위계에는 내담자와 치료자
가 점진적 방식으로 그들의 일정을 짤 수 있도록 돕기 위해 행동
의 예상 난이도를 작성하는 열이 포함된다. 행동이 과제로 부과
되어 완료한 시기와 여부를 기록할 열도 포함된다. 이러한 것은
가장 이해하기 쉬운 방식으로 내담자의 선호도에 따라 유연하게
사용될 수 있다. 예를 들어, 매일 수행되는 몇몇 행동에는 적당
한 주요 표시를 할 수도 있고, 다른 것은 단순히 시작과 완료된
날에 'Yes' 혹은 단순한 체크 기호로 기록할 수도 있다. 마지막
열인 '실제 난이도'는 과제의 난이도가 어떻게 시간에 걸쳐 바뀔
수 있는지를 내담자가 평가할 수 있게 해 준다.

〈표 19-1〉 행동 위계의 예시

행동	예상	시작	완료	실제 난이도
아침 9시까지 일어나기	1	Yes	Ⅴ Ⅲ	1
하루에 1번 설거지하기	1	3/08/08	3/09/08	0
20분 걷기	2	Yes	Yes	1
한 주에 2회 친구 만나기	3	3/15/08	Ⅲ	2
한 주에 1회 요가하기	3			
피아노 레슨 등록하기	4	Yes	Yes	
한 주에 1과업 동료에게 도움 요청하기	5			
파티 가기, 아는 사람과 대화하기	5			
파티에서 2명의 여자와 대화하기	6			
파티에서 2명의 남자와 대화하기	7			

　행동 위계상의 항목과 순서는 내담자와 협력하여 결정한다. 그리고 치료자는 7장에서 논의되었던 것처럼, 어떤 것이 내담자에게 성공적일지 세심히 살피고, 다양성과 안정성의 문제를 세심히 살펴야 한다. 예를 들어, 집에서 어머니와 함께 사는 20세 남자인 Michael은 행동 관찰을 통해 그가 대부분 시간을 집에서 보내고, 거의 종일 자기 방에서 나오지 않는 것으로 확인되었다. 이것에 대해 물어보니, Michael은 자신이 자동차 운전면허가 없고 이동을 위해 그의 어머니에게 의존하고 있다는 것을 이야기했다. 그의 가치 평가를 통해, 그가 친밀한 관계, 목표가 있는 삶, 육체적 건강에 가치를 두고 있음을 확인했다. 따라서 친밀한 관계, 직장, 거주지 찾기와 더 많은 육체적 활동에 참여하기를 치료의 목표로 삼았다. Michael과 그의 치료자는 그가 무면허이기 때문에 그의 가치를 추구하는 데 제약이 있음을 알 수 있었다. 그러나 Michael은 면허 시험을 위해 공부하는 것이 극도로 어렵다고 느꼈다. 그런고로, 그의 행동 위계는 그의 건강을 증진하기 위한 간단한 운동(달리기)으로부터 시작했다. 이러한 과제는 Michael로 하여금 정기적으로 집 밖으로 나오게 하였다. 초기 과제에 운전면허 시험 공부를 위해 관련 부서에 공부 자료를 얻으러 가는 것을 포함했으나 공부를 시작하지 못해 과제에서 제외했다. 결국 초기 과제는 영화를 보러 가는 것과 기타를 연주하는 것을 포함했다.

　행동 위계에 더해서, 우리는 특정 행동의 계획을 도와주는 활성화 기록지(《표 19-2》)를 추천한다. 각각의 단순 활성화 과제는

〈표 19-2〉 활성화 기록지 예시

행동 과제				
행동	w/w/w/w	예측되는 장애물	장애물 해결방법	결과

누가(who), 무엇을(What), 어디에서(where) 그리고 언제(when) 활동하는지 명료하게 상세히 알려야 한다(기록지상에 w/w/w/w 형태로 일람표를 만든다). 예를 들어, Michael과 그의 치료자는 한 주에 3회씩, 하루 20분을 달릴 것을 결정했으며, 그것은 첫 주에 충분할 것으로 보였다. Michael은 처음에 스스로 매일 아침에 뛸 것을 제안했지만, 치료자와 논의한 후 성공의 가능성을 높이기 위해 첫 주의 목표를 낮춰 잡았다. 그들은 또한 그가 오전 10시에 운동하는 것으로 결정했는데, 그렇게 하는 것이 그를 침대 밖으로 나가게 해 주고 그에게 그날의 더 큰 활력을 제공해 줄 것을 기대했기 때문이다. 그들은 Michael이 달리기 운동 장비를 가졌는지 논의했고, Michael은 그가 이미 가지고 있다고 말했다. 그들은 또한 Michael이 즐겁게 달릴 수 있는 특정한 경로에 대해서도 논의했다.

활성화 기록지는 또한 내담자가 다르게 반응할 수 있는 예상치 못한 사건을 예측하고 준비하는 데 사용될 수 있다. 예를 들

어, 좋은 엄마가 되는 것에 가치를 두는 Cheryl은 그녀의 두 아이
가 서로 싸울 때 화를 덜 내는 반응을 하기를 원한다. 이러한 활
동은 예측할 수 없는 그녀의 두 아이가 싸우는 것을 필요로 하므
로 계획으로 만들어질 수 없다. 따라서 치료자와 Cheryl은 w/w/
w/w 부분에 '그녀의 아이들이 싸우는 모든 때'를 포함했고, 행동
부분에 '두 아이의 요구에 대해 동등하게 관심 갖기'를 포함했다.

치료 중 간단한 활성화

행동활성화치료자는 회기 중에 간단한 활성화 과제를 개입
시킬 기회가 있는지 끊임없이 살펴보아야 한다. 이러한 생생한
과제의 이득은, 향상된 내담자의 행동에 따르는 결과물을 통제
하기 위해 치료자가 바로 앞에 존재한다는 점이다. 예를 들어,
Anna는 끊임없이 고개를 숙이고 있고, 대화도 매우 조용하고 느
리게 하며, 회기에 무관심한 것으로 보인다. 치료자는 "당신이
지금 이 순간 작은 것을 시도해 보고 덜 우울하게 행동하길 바랍
니다."라고 얘기할 수 있다. 만일 Anna가 그렇게 성공적으로 행
동한다면(심지어 부분적이더라도), 치료자는 반드시 피드백을 주
어야 한다. 치료자는 "이게 훨씬 낫네요. 나는 당신을 더 잘 이
해할 수 있고, 당신과 함께하는 것이 더욱 즐겁게 되었어요."라
고 말할 수 있다. 더 중요한 것은, 회기가 실제로 더 효율적일 수
있고, 그녀의 변화된 행동 때문에 Anna 스스로 향상된 회기를
경험한다는 것이다.

단순 활성화로 충분한가

우울증 같은 복잡한 문제를 이렇게 단순한 기법으로 다루는 게 가능할지 의문이 생길 수 있다. 우리의 답은 때론 그렇고 때론 아니라는 것이다. 우리는 단순 활성화가 성공하는 것도 보았고 실패하는 것도 보았다. 성공했을 때를 보면, 일반적으로 활성화된 행동의 초기 성공 후에 내담자는 특별히 활성화 과제로 계획되지 않은 무수히 많은 부가적 활동에 참여하면서 스스로 다양한 의미에서 활동적이 되었다. 달리 말해, 내담자는 전반적인 치료 원리와 과제물에 긍정적으로 반응하고, 활성화가 도움될 것이라는 것을 매우 빠르게 배우며, 능동적인 행동에 자연스러운 강화 효과가 지속되면서 이러한 과정이 내담자 삶의 다수 영역 속으로 일반화된다. 이러한 내담자에게는 오직 소수의 회기만이 요구되고, 차후의 회기는 간략한 과제 점검으로 단축될 수 있다.

어떤 내담자에게는 단순 활성화가 성공하지 않을 수 있지만, 그렇다고 해서 그것이 시도되지 말았어야 함을 의미하지는 않는다. 단순 활성화의 실패로부터 배우는 교훈은, 개별적으로 내담자의 치료에 특정적으로 맞출 수 있는 주요 요소가 되고 단순 활성화를 가로막는 장애물을 극복할 수 있게 해 준다는 점이다. 따라서 우리의 치료적 개입은 이러한 단순 활성화로부터 시작해서, 간단한 기법의 힘을 활용해 빠른 회복의 가능성을 극대화할 수 있고, 단순 활성화에서 실패한 사람을 위한 치료를 안내할 활성화 문제의 기능적 평가를 위한 필요 자료를 제공해 줄 수 있다. 단순 활성화가 실패할 때 몇몇 치료자는 즉각적으로 내담자로부터 기능적 결손을 찾아내려 하고 마음챙김 가치 활성화와 같은 복잡한 기법으로 바로 옮겨 가는 것을 선호하는데, 이것은 Martell의 행동활성화치료와 더 잘 부합된다. 물론 이러한 치료자들이 옳을 수 있지만, 여전히 경험적인 의문점들이 남아 있다. 그래서 우리는 간단한 기법으로 시작하는 것을 더 선호한다.

20

과제의 중요성

모든 인지적 치료법과 행동적 치료법은 상당한 비중으로 과제를 포함하며, 행동활성화치료에서 과제는 기본이다. 성공적인 행동활성화치료는 과제의 할당과 완료에 중심을 둔다. 모든 회기는 몇몇 유형의 과제를 포함해야 하고, 행동활성화치료는, 논란의 여지가 있지만 과제 없이는 행동활성화치료가 아니다. 행동활성화치료가 과제를 부여해서, 문제를 해결하고, 과제를 검토하는 데 투입하는 시간과 에너지, 그리고 논의하는 세심한 수준은 놀라울 정도다. 이러한 활동들은 회기의 중요한 부분을 차지하며, 차후의 회기들에서 이전의 과제를 검토하고 새로운 과제를 할당하는 것이 가장 큰 비중을 차지하는 것은 통상적인 일이다.

행동활성화치료에서 과제는 대개 단순한 목적을 가지고 있다. 활성화 과제의 상대(who), 할 일(what), 장소(where) 그리고 시기(when)에 관하여 내담자에게 분명한 지침을 내리기 위함이다.

치료 회기에서 구체적인 대화를 하고, 가치를 평가하고, 행동의 위계를 설정한 것이 바깥세상에서 긍정적 강화물과 접촉할 수 있도록 과제를 구성하는 방식이다. 따라서 행동활성화를 수행할 때, 과제에 너무 많은 시간을 쓰지 않도록 한다. 일반적으로, 과제 부여는 앞 장에서 제시되었던 행동 위계의 양식과 활성화 기록지의 양식을 사용한다.

일반적으로, 성공 가능성이 크고, 내담자에게 의미가 있는 과제물을 제시하는 것이 중요하다. 예를 들어, 내담자가 다음 회기까지 집 전체 청소를 하는 것을 제안했는데, 치료자가 보기에 이것이 너무 도전적이고 실패할 것으로 보인다면, 행동활성화 치료자는 더 합리적인 활성화 과제를 제안해야 한다. 예를 들어, 방 하나만을 청소하는 것이 가능하다. 특히 치료 초기에는 내담자의 성공을 이끌어 내는 것이 중요하다. "이것은 다음 주까지 완료하기에 합리적인 과제처럼 보이나요?" 또는 "당신은 다음 회기 전까지 이것을 완료할 수 있다고 예상하나요?"와 같은 질문을 하는 것은 내담자가 성공할 수 있도록 계획하는 데 도움을 줄 수 있다.

특별히 유용한 과제는 회기 중 수행되는 활성화 과제일 수 있다. 예를 들어, 이전 장에서 논의되었던 Anna는 대인관계와 관련된 상호작용에서 덜 우울하고 기민하게 보이도록 노력하는 과제와 다른 이들이 어떻게 다르게 행동하는지 관찰하는 과제를 줄 수 있다. 이러한 과제는 치료자와의 회기 중에 이미 적어도 하나의 긍정적인 결과물을 경험하게 하는 이득을 얻을 수 있다.

내담자의 자연스러운 반응을 살펴봄으로써, 치료자는 내담자가 그러한 행동을 수행할 능력이 있고 다른 사람을 관찰할 수 있는 능력을 갖추고 있음을 확인할 수 있다.

과제 완수의 방해물

초기에 고려할 사항은, '과제'라는 용어가 몇몇 내담자에게는 자극적일 수 있다는 점이다. 그리고 치료자는 유용하기만 하다면 '회기 밖 연습'이나 '실험' 같은 용어를 자유롭게 사용할 수 있음을 알아야 한다.

행동활성화치료는 성공의 가능성을 극대화하기 위해 과제 완수의 방해물을 필수적으로 평가해야 한다. 이러한 평가는 내담자에게 다음과 같은 간단한 질문을 통해 이루어질 수 있다. "당신이 이번 주에 X를 수행하는 데 무엇이 방해될 것 같나요?" 또는 "당신이 이번 과제를 할 수 없을 것 같은 이유가 무엇인가요?" 단순히 '잊어버려서' 또는 '너무 피로해서'와 같은 지극히 사소한 방해물이라도 무시해서는 안 된다. 왜냐하면 이러한 것도 종종 내담자에게 중대한 사안이 되기 때문이다.

방해물은 거의 항상 존재하며, 만일 내담자가 방해물로서 어떤 것도 제시하지 않는다면 치료자는 분명히 의심해 볼 필요가 있다. 이것은 방해물이 없기보다는 흔히 내담자가 과제에 대해 전혀 생각해 보지 않은 경우일 수 있다. 예를 들어, 자녀의 고등학교 스포츠 행사에 참여하는 활성화 과제에 동의했지만 과제 완수를 방해할 어떤 것도 예측할 수 없다고 보고한 Amy를 고려해 보자. 그녀의 과제를 수행하는 데 필요한 단계를 하나하나 검토해 보니, 다음 시합이 언제 어디에서 열리는지 알아내는 것, 표를 구매하는 것, 가는 방법을 찾는 것 등과 같은 몇 개의 방해물이 드러났다.

일단 방해물이 인식되면 각각은 회기 중에 문제 해결이 되어야 한다. 예를 들어, Amy와 그녀의 치료자는 일정을 조사하고 표를 구매하기 위한 행동의 시간을 활성화 기록지에 기록한다. 또는 회기 동안 Amy에게 팀의 일정을 얻기 위해 학교에 전화하라고 요청한다. 치료자는 교통편의 목록을 만들기 위해서 Amy와 같이 작업할 수도 있다. 그리고 필요하다면, 이 사안을 회기에서 다룰 수도 있다(예: 회기 중에 버스 일정을 온라인으로 점검함).

과제를 준비하거나 이행할 때의 방해물로서 나쁜 감정을 예상해 보는 것은 유용할 수 있다. 회피하고 있는 배우자와 어려운 논의를 하는 과제에 동의한 Jeremy를 고려해 보자. 치료자와 Jeremy는 논의를 시작하기 전에 그가 불안감을 느낄 것이고, 논의 중에는 격한 감정을 느낄 것이라고 정확하게 예측했다. 논의에 선행한 불안감과 예상되는 감정 반응은 모두 과제 완수의 방해물이 된다. 우리는 25장에서 이러한 방해물에 민감한 과제에 대해 논의한다.

과제 점검

행동활성화치료의 이상은 과제를 완벽하게 완수하는 것이지만, 이것은 드문 일이다. 일반적으로, 모든 과제를 완벽하게 완료한 내담자는 빠르게 향상될 것으로 예상되며, 치료도 복잡하지 않을 것이다. 그러나 몇몇 내담자는 치료자를 실망시키는 것에 대한 두려움 혹은 완벽한 내담자가 되지 못하는 것에 대한 두려움으로 과제의 완수에 지나치게 집중할 수 있다. 역설적으로, 이러한 내담자에게는 과제의 완수가 회피의 유형이 된다. 이것은 반드시 나쁜 일이라고 볼 수는 없으며, 특히 치료의 초기에 내담자의 활성화를 돕는 것은 혜택이 될 수 있어서 반드시 나쁘지만은 않다. 그러나 이것이 반복된다면, 치료자는 치료 관계의 종결 직후 내담자가 무기력해질 가능성을 염두에 두어야 한다. 이것은 치료의 종결에 관한 26장에서 더욱 충분히 논의될 것이며, 거기서 기술되는 전략은 이러한 내담자를 위해 치료의 초기에 사용될 수 있다.

　대부분의 내담자는 일반적으로 과제를 부분적으로 완수한다. 특히 치료 초기에는, 내담자의 기본 수준을 넘어 향상을 보인 활성화의 성공이라면 치료자는 그 무엇이든지 행복해한다. 그러나 내담자는 그들의 이러한 성과에 대해 종종 불행하게 생각한다. 왜냐하면 그들이 대개 자신의 성과를 다른 사람이 행한 것과 비교하거나 혹은 그들이 우울증에 걸리기 전에 할 수 있었던 것과 비교하기 때문이다. 가장 적절한 비교는 과제를 부과하기 직전의 내담자 수준과 비교하는 것이고, 다른 기준과 비교하는 것이 아니라는 사실을 치료자가 강조해 주는 것이 도움이 될 수 있다. 상황 속에서 만들어 가는 것이라고 생각하는 자세가 치료자에게는 쉬운 일이지만, 내담자에게는 훨씬 어려운 일이다.

부분적인 성공을 완전한 실패로 여기는 내담자도 종종 있다. 행동활성화치료에서 핵심이 되는 것은 내담자가 그 수행을 어떻게 해석하는가가 아니라 활성화 과제가 완수되었는지의 여부이며, 미래의 활성화 과제를 지체시키는 것은 그 해석이 아니라는 점이다. 따라서 치료자는 부분적인 성공을 완전한 실패로 해석하는 내담자에게 다음과 같이 말해 줄 수 있다.

당신이 우울해졌던 과정을 고려해 볼 때, 나는 당신이 과제의 오직 일부분만을 완수했다는 것을 잘 이해할 수 있습니다. 또한 당신이 그것을 더 완수하지 못한 것에 대해 매우 자기비판적이라는 것도 잘 이해가 됩니다. 나에게 중요한 점은, 당신이 지난주보다 이번 주에 조금 더 활동적이었다는 사실입니다. 그것은 대단하다고 생각합니다. 당신은 다음 주에 조금 더 향상될 것이고 향상을 지속하는 동안에, 당신의 자기비판적 사고에 어떤 변화가 일어날지 우리가 확인할 수 있음을 당신은 알고 있나요?

행동활성화치료자는 이런 반응과 함께 가장 중요한 사안인 활성화에 집중하며, 내담자의 부정적인 사고를 인정하고, 그것에 의해 치료의 초점이 흔들리지 않도록 한다. 또한 치료자의 반응이 어떻게 내담자에게 부정적인 생각을 하게 만들 수 있는지 알아차리고, 활성화를 지속해야 한다.

각 회기의 시작 부분에서 과거 과제를 검토할 때, 내담자가 과제를 완수하는 것을 무엇이 가로막는지에 대한 논의나 내담자가 과제를 완수하기 위해 어떤 방해물을 피해야 하는지에 대한 논의를 포함해야 한다.

구체적이어야 함

과제로의 집중은 또한 행동활성화치료와 관련된 주제로서 '구체적 사실을 지지하는 것의 중요성'을 강조한다. 이러한 초점을 지속하려면, 어떻게 행동과 과제가 치료 회기 내에서 이야기되는지 지속적으로 살펴볼 필요가 있다. 다음의 상호작용을 고려해 보자.

내담자: 지난주는 나빴어요. 저는 온종일 침대에 머물렀고 과제를 하지 못했어요.

치료자: 당신은 이번 주에 정말 우울해 보입니다. 당신이 침대 밖으로 나와서 다시 활동적이 될 수 있을지 그 방법을 알아낼 필요가 있습니다.

내담자: 저도 압니다. 그런데 그것이 너무 어려워요. 제가 침대에 머무르도록 제 몸 전체가 저에게 비명을 지르는 것 같아요. 저는 너무나 비참합니다. 제가 삶을 다시 못 살 것 같은 느낌이에요.

치료자: 아, 당신이 그런 감정을 갖는다면, 과제를 하기가 정말 어렵겠어요. 그러나 저는 당신이 활동적이 된다면, 당신이 원하는 삶을 만들어 가기 시작할 것이라는 데 확신이 있습니다.

한편으로는 이 상호작용이 행동활성화치료처럼 들린다. 내담자는 자신의 무기력함에 집중하고 치료자는 활성화를 강조한다. 또한 치료자는 활성화를 격려하면서, 매우 공감적이고 확신에 차 있다.

그러나 이 대화는 매우 추상적이다. 그들은 침대에 머무르는 것과 활성화에 관해서 이야기하지만, 포괄적인 용어로 이야기하고 있다. 우리는 내담자 행동 기능에 대해서 이해할 수가 없고, 행동의 구체적인 예시를 찾아볼 수 없다. 만일 대화가 추상적인 수준에서 계속된다면, 행동활성화치료에 관해서 얘기는 하고 있어도 행동활성화치료가 될 수 없다. 내담자와 함께 치료와 특정 개입 과제에 대한 전반적인 근거를 의논하고, 이러한 근거를 내담자가 이해하고 동의하도록 하는 것이 필요하므로 치료의 시작에서부터 전 과정에 걸쳐 행동활성화치료에 관해 이야기하는 것은 매우 적절해 보인다(Addis & Carpenter, 1999). 그러나 행동활성화치료의 나머지 작업에서는 이것보다 훨씬 더 구체적이고 특정적이어야 한다.

앞의 상호작용에 대한 대안을 고려해 보자.

내담자: 지난주는 나빴어요. 저는 거의 모든 시간을 침대에서 보내고 과제를 하지 못했습니다.

치료자: 당신은 이번 주에 정말 우울해 보입니다. 당신이 침대로부터 나와서 다시 활동적이 되는 방법을 알아낼 필요가 있습니다. 이것에 대해 잠시 얘기해 볼까요?

내담자: 물론입니다

치료자: 좋습니다. 첫째, 당신은 당신이 주 내내 침대에 머물렀다고 얘기했지만, 당신은 이 회기에 오는 것을 포함해서 몇 번 침대 밖으로 나왔을 겁니다. 저한테 그런 것에 대해 말씀해 주세요.

내담자: 좋습니다. 저는 화요일에 일찍 잠자리에서 일어났습니다. 그리고 저는 오늘 아침 여기에 올 수 있었습니다.

치료자: 맞아요. 당신은 지금 여기에 왔습니다. 그리고 저는 당신이 와서 정말 기쁩니다. 당신은 어떻게 해내셨나요?

내담자: 제가 추측하기로, 그냥 강제로 그렇게 했지요.

치료자: 좋습니다. 이것을 한번 알아봅시다. 몇 시에 일어났나요? 알람이 꺼지고 난 후 침대에 얼마나 누워 있었나요? 약속을 취소하는 것을 고려했나요?

이 대안에서, 치료자는 행동의 구체적인 예시를 찾아냈고, 그 후 그 행동에 대한 기능을 세부적으로 이해하기 위해 일련의 질문을 시작했다. 과제 수행과 성패에 대해 이렇게 자세하고 구체적으로 진행하는 것은 더 특정적이고 초점 맞추어진 개입으로 이끌 수 있어서 행동활성화치료의 핵심이 된다.

21

기능적 평가

5장에서 논의된 것처럼, 기능적 평가를 위해서는 관심행동을 유발한 선행사건, 실제 유형의 해당 행동, 행동에 수반된 결과물의 과정을 상세히 이해할 필요가 있다. 좋은 기능적 평가가 되기 위해서는, 내담자가 이러한 일련의 과정을 자세히 기술해야 하고, 치료자는 가능한 한 실제 과정을 관찰하는 것처럼 가까이 다가갈 수 있어야 한다. 미묘한 기능적 차이에 대해서 이해하는 것이 필요하며, 치료자가 이러한 차이를 확인할 수 있도록 내담자에게 물을 질문을 만들어 내는 창의성도 필요하다.

행동주의 치료자가 행동치료의 핵심으로 극찬을 해 왔지만, 기능적 평가를 성인 외래환자를 대상으로 수행하는 방법에 대한 구체적인 지침은 오랫동안 미진했다. 행동활성화치료도 그러한 경우다. Lejuez와 동료들(2001)은 기능적 용어를 사용해서 우울증을 기술했으나, 기능적 평가의 융통적이고 독특한 본질을 활용하지 못한 채 구조적인 프로토콜만을 제공했다. Martell과 동

료들(2001)은 개입 전략으로서 기능적 평가를 제안하고, 내담자
로 하여금 그들 자신의 기능적 평가를 수행하는 것을 가르치는
것이 중요하다고 구체적으로 주장했지만, 이 평가가 주로 회피
목록에만 제한되었고 우울증과 관련된 전체 범위의 기능적 문제
를 평가하지 못했다.

성인 외래환자에 대한 기능적 평가의 몇몇 제안은 기능 분석
심리치료(Kanter, Weeks, Bonow, Landes, Callaghan, & Follette, in
press)에 의해 제공되었다. 이러한 제안은, 치료 밖에서 발생하는
유사한 행동에 대한 가설을 만드는 데 도움을 주기 위해, 어떻게
치료자가 치료 관계에서 발생한 내담자의 행동을 관찰하고 평가
할지에 대해 초점을 두고 있다. 우리가 아래에서 논의하는 것처
럼, 행동활성화치료 평가는 회기 밖의 행동에 직접적으로 중점
을 두지 않고, 유능한 행동활성화치료자는 치료자와 내담자 사
이에서 기능적으로 일어나는 회기 내 행동에 예민해야 하며, 이
행동과 내담자의 회기 밖의 행동이 어떻게 관련이 있는지에 대해
주의를 기울여야 한다. 전체 기능적 평가에서는 치료자가 생생
히 관찰한 것과, 내담자가 자신의 외부 행동에 대하여 보고한 것
을 통합한다.

성인 외래환자에 대한 기능적 평가 최상의 예시는, 경계선 성
격장애와 다른 정서조절 장애를 가진 내담자의 복합적 문제를
위해 고안된 변증법적 행동치료(DBT; Linehan, 1993)로부터 나온
다. 우리는 치료자에게 DBT를 배울 것을 강력하게 권유한다. 그
러나 DBT는 매우 복잡하고 그에 능숙해지려면 장시간의 훈련과

수퍼비전이 요구된다. 이 치료가 고안된 것을 이해하려면 복잡한 설명이 필요하겠지만, 대부분 우울증 내담자에게 이 치료법은 필요한 것 이상으로 중요할 수 있다.

기능적 평가에 대한 변증법적 행동치료의 방식은 **사슬 분석** 혹은 **행동적 분석**으로 불린다. 이 치료는 치료자가 내담자에게 관심행동을 둘러싼 일련의 사건에 대해 자세히 질문할 것을 요구한다. 이러한 질문은 구체적인 개입을 이끌어 낸다. 여기에서 다루는 기능적 평가에 대한 현재 버전은 Linehan의 버전으로부터 상당히 차용됐다. 현재 버전의 목표는 우울증 외래환자에게 맞추어진 간결한 평가 절차를 만드는 것인데, 그 절차는 외래환자를 치료하는 기관에서 빠르게 익히고 적용할 수 있다.

이 장에서는, 행동적 ABC 모델에 따라 가능한 행동활성화 개입들을 기능적 범주로 통합하려고 노력하며, 개입방법을 선택하는 데 도움을 줄 수 있는 기능 분석의 간략한 방법을 제공하고 있다. 비결은 단순 활성화와 함께 치료를 시작하는 것이다. 그러고 나서 만일 단순 활성화가 성공하지 못했다면, 치료자는 그 이유를 이해하기 위해 기능적 평가를 사용하게 된다. 따라서 과제가 완료되지 못했을 때 기능적 분석이 과제 검토에 포함되며, 그때 가능한 행동활성화 개입방법은 무엇인지, 또는 무엇과 함께 사용되어야 하는지가 기능적 분석에 의해서 제시된다. 이렇게 순서화된 프로토콜에 따라, 치료자는 치료 경험이나 기능적 분석에 대한 이해가 부족해도 단순 활성화를 통해 성공적 개입의 가능성을 높일 수 있고, 필요에 따라 좀 더 복잡한 개입방법을 진행할 수 있다. 달리 말하자면, 간단한 접근으로부터 효과를 볼 수 있는 덜 복잡한 내담자에게 단순 활성화가 적용되고, 그러고 난 후 개별 맞춤이 필요한 내담자의 독특한 특성에 맞추어서 기능적 분석에 따라 맞춤형 치료가 적용된다.

　기능적 평가를 위한 우리의 전략은 선행사건(자극통제 개입과 관련됨), 행동목록 부족(기술 훈련 개입과 관련됨), 그리고 결과물에 대한 문제에 초점을 맞춘다. 결과물은 환경에 의해 조정당할 수 있는 결과물(수반성 관리 개입과 연관됨)과 내담자에 의해 경험되는 개인적인 사건의 결과물(마음챙김 가치 활성화 개입과 연관됨)로 세분된다. 이러한 사적인 결과물은 대개 부적으로 강화된 회피행동을 야기하는데, 그 행동은 결손(예: 침대에 머무르기, 전화 받지 않기)과 과다함(예: 쇼핑, 장시간 인터넷하기, 먹는 것으로 위안 삼기, 자위하기) 두 가지 등 여러 유형을 포함한다. 이처럼, 행동의 기능적 문제는 평가 절차를 통해서 확인하거나 전략적으로 사용된 행동활성화치료의 기법을 통해서 파악할 수 있다. 이 말이 꽤 복잡해 보이지만, 사실 그것은 비교적 간단하며 이 장을 포함하여 22장에서 25장까지를 통해 빠르게 배울 수 있다. 각 기능적 범주는 여기에 요약되고, 기능적 평가 질문의 예도 포함된다. 이러한 범주를 다루는 개입은 이어지는 4개의 장에서 더 자세히 탐구될 것이다.

A(선행사건): 자극통제의 결손

　완수하지 못한 단순 활성화 과제의 가장 흔한 변명은, 믿을 수 없게도, 내담자가 단순히 잊어버렸다는 변명이다. 행동주의적으로 말하자면, 우리는 이런 유형의 망각을 자극통제의 결손이라고 부른다. 구체적으로 말하자면, 이것은 내담자의 환경이 목표한 행동을 불러일으킬 준비가 되어 있지 않음을 의미한다. 자극통제의 결손은 평가하기가 어려운데, 주로 내담자가 해야 할 과제를 기억하고 있는지 질문하는 것으로 평가된다.

"과제를 완료해야 한다는 것에 대해 한 주를 통틀어 총 몇 번이나 생각했나요?"라고 내담자에게 물어보는 치료자를 예로 들어 보자. 만일 내담자가 "지난 회기 후 집에 돌아오는 길에 차 안에서 어떻게 과제를 완수할지 생각했습니다. 그러나 그 후로는 생각이 나지 않았습니다."라고 답했다면, 아마도 자극통제의 문제다. 내담자의 비슷한 대답으로는 "아침에 샤워할 때까지도 기억했지만 그 후 온종일 잊어버렸어요." 혹은 "아침에 일하러 운전하고 가는 동안에는 기억했습니다." 등이 있다. 이러한 예에서 보면, 과제를 해야 한다고 기억하는 것이 부적절한 시기에 발생하고, 이것은 자극통제의 결손으로 여겨질 수 있다. 그러나 만일 내담자가 "나는 지난 회기 후 5일 동안 과제를 해야 하는 것에 대해 생각했습니다. 그러나 너무 피곤했기 때문에 미루고 미루다가 결국 잊어버렸습니다."라고 말했다면, 그 문제점은 수반성을 해결하는 것 중 하나(결과물)일 가능성이 크다. 자극통제 개입은 22장에서 검토될 것이다.

다음과 같은 질문이 포함된다.

- 과제를 하지 않기로 결정하셨나요? 혹은 단순히 잊어버렸나요?

- 과제를 완료하는 것에 대해 한 주 동안 몇 번이나 생각하셨나요?

- 과제 수행에 대해 생각했던 때가 당신이 과제를 할 수 있는 때였나요? 혹은 할 수 없는 때였나요?

- 당신의 기억을 도와줄 구체적인 어떤 것을 해 본 적이 있나요? 그랬다면, 무엇을 해 봤나요? 그것이 효과적이지 못했던 이유는 무엇인가요?

- 기억하는 것을 돕기 위해 했던 일 중에 효과적인 것은 무엇이고, 효과적이지 않은 것은 무엇인가요?

B(행동): 행동목록의 부족

단순 활성화 과제를 실패한 경우를 살펴보면, 내담자가 과제를 완료하는 데 필요한 기술을 소유하고 있지 않다는 것을 종종 확인한다. 기술 부족은 활성화 과제가 어렵게 여겨지는 것과 관련된다. 예를 들어, 심각하게 우울하지만 인지적으로는 온전한 내담자에게 단순한 위생 관리(이를 닦기, 샤워하기)가 활성화될 수 있고, 우리는 내담자가 필요한 기술을 소유하고 있다고 추정할 수 있다. 그러나 마당이 있는 집을 산 내담자에게 정원에 꽃을 심는 과제가 활성화된 경우를 생각해 보자. 내담자가 이러한 과제를 생각하고 마음이 들떠 있음에도 불구하고, 그녀는 항상 고층아파트에서 살아왔고 정원 가꾸는 일에 대해 거의 알지 못한다. 이러한 사례에서, 초기 과제는 정적 강화물과의 직접적인 접촉을 증가시키는 것보다는, 정원 가꾸는 기술을 마련하는 것(예: 정원일 관련 책을 사고 읽어 보는 일)에 집중해야 할 것이다.

기술의 결여는 비사교 기술과 사교 기술로 구분할 수 있으며, 비사교적 기술의 결여를 평가하기 위한 질문은 다음과 같다.

- 이전에 이러한 종류의 일을 성공적으로 수행한 적이 있나요? 아니면 그것이 당신에게 정말로 새로운 일인가요?
- 시작하기 전에 당신이 꼭 해야 할 일에 대해 잘 알고 있나요?
- 그 과제를 준비하고 계획하기 위해, 당신은 전에 어떤 일을 해 봤나요?
- 그 과제를 시작했다가 그 후에 막혀 버린 경험이 있나요? 만일 그렇다면 무엇에 막혔나요?

다양한 비사교 기술 가운데, 치료자가 임상적으로 관심을 두는 것은 문제 해결 기술이다. 예를 들어, 특히 가난함과 처절한 싸움을 벌이고 있는 많은 내담자는 활성화 과제와 경쟁하고 있는 아주 긴 목록의 산적한 문제에 압도당한 모습을 보인다. 산적한 문제의 예로는, 자녀 양육의 의무, 특별한 도움이 필요한 아이나 나이 든 부모, 예약된 진료, 참가 신청된 정부 프로그램 참여, 대중교통의 이용에 따른 시간 부족, 지급해야 하는 청구서 확인, 전기가 들어오는지 확인하는 것, 전화가 끊기지는 않았는지 확인하는 것 등이 있다. 이러한 내담자는 조직화하기, 행동 계획하기, 시간 계획하기, 문제 해결하기 등과 관련된 기술을 배움으로써 도움을 받을 수 있다. 다음 질문이 포함된다.

- 다른 해야 할 일들 때문에 우리 과제를 완수할 수 없었나요?
- 당신은 일정 관리를 어떻게 하시나요? 스케줄러나 일상 계획표를 가지고 있나요?
- 무엇을 해야 할지 모르거나 우선순위를 매기는 방법을 모를 때가 있었나요?
- 당신이 매우 바빠질 것을 알게 되었을 때, 효율적으로 일을 처리하기 위해서 어떤 방법을 쓰나요?
- 일상에서 다른 해야 할 일을 처리하기 위해 소요되는 시간을 고려해 볼 때, 우리의 과제를 하기 위해 요구되는 노력이 비현실적으로 여겨지나요?

평가하기 매우 곤란한 것은 배우자와 대화하기, 친구의 부탁을 거절하기, 화내지 않고 딸에게 반응하기, 사장에게 임금 인상 요구하기 등과 같은 사교적 기술에 관한 평가다. 이런 상황에서 치료자는 내담자의 능력을 과대평가하기가 쉽다. 그러한 복잡한 대인행동은 치료자에게 비교적 쉽고 자연스럽게 여겨지지만, 우울증에 걸린 내담자에게는 놀랄 만큼 어려운 일이다. 다음의 질문이 포함된다.

- 그런 상황에서 당신은 무엇을 말해야 할지 알고 있다고 느

꺼지나요?

- 당신이 말하는 것을 다른 사람이 잘 듣고 있고 이해되었다고 느껴지나요?

- 그에게 얘기했을 때 당신은 자신감이 느껴졌나요? 눈 맞춤을 잘했나요? 어떻게 자리에 앉았나요?

- 무슨 일이 있었는지 제가 이해할 수 있도록, 당신이 무슨 말을 했고, 어떻게 말했으며, 당신의 상대방/동료/친구가 어떻게 반응했는지 정확하게 제게 말해 줄 수 있나요?

치료자는 행동목록의 부족을 평가할 때, 가능한 반추(예: "나는 그에게 접근하기 위한 최적의 상황이 언제인지 그리고 사용할 최고의 표현이 무엇인지 한 주 내내 생각했지만, 결국엔 아무것도 할 수 없었어요.") 또는 감정적 회피(예: "나는 사장에게 가서 얘기하려고 했지만, 긴장하지 않고 얘기할 방법을 생각할 수 없었습니다.")를 기술의 부족으로 오해해서는 안 된다. 더욱이 극도로 숙련했을 것 같은 내담자일지라도 원하는 결과물을 획득하지 못할 수 있는 몇 가지 예시를 주목하는 것이 중요하다. 예를 들어, Lisa는 퇴근 시간을 단호하고 적절하게 요청했을 수 있지만 그녀의 사장은 다른 변수(예: 특정일의 마감 시간이 코앞으로 다가왔고 다른 직원도 모두 정시에 퇴근할 수 없는 상황) 때문에 요청을 들어줄 수 없었는지 모른다. 따라서 원하지 않는 결과로 이어진 활성화 과제의 원인이 행동목록의 부족 때문인지 통제 불가능한 환경적 변수 때문인지를 구분하는 것이 중요하다. 행동목록의 부족을 바로잡기 위한 기술 훈련 개입은 23장에서 검토된다.

C(결과물): 환경적 결과물

종종 우울한 개인에 대한 다른 사람의 반응이 부여된 행동활
성화의 실패를 초래한다(적어도 부분적으로는). 특히 내담자의 가
족 그리고 친구는 종종 고의적이지는 않아도 우울증 행동을 지
지해 주게 된다. 침대에 머무르거나 우는 행위는 다른 사람으로
부터 공감의 반응과 타인으로부터 관심의 지속(정적 강화의 제공)
을 불러일으킬 수 있고, 또는 내담자의 책임을 경감시키는 것(부
적 강화의 제공)을 초래할 수도 있다. 처벌도 또한 우울증 행동을
유지하는 역할을 한다. 예를 들어, 침대 밖으로 나오는 것은 아
마도 잔소리 많은 배우자에 의해 처벌될 것이다. 이러한 우울증
행동(예: 침대에 머무르기)에 대한 환경적인 지원은 우울하지 않
은 행동을 활성화하는 과제(예: 정오 이전에 일어나기) 완수를 방
해하게 된다.

환경적 결과물을 평가하기 위한 질문은 다른 사람의 반응을
이해하는 것에 초점을 둔다. 여기서 제시하는 예시는 배우자에
게 초점을 두지만, 상호작용의 다른 상대방으로 수정해서 사용
할 수 있다.

- 당신이 그렇게 했을 때 배우자가 어떻게 반응했나요? 전형
  적으로 그렇게 반응하나요?
- 당신의 배우자는 일반적으로 사람들에게 그렇게 반응하

나요?

• 만일 당신이 이러한 과제를 했다면, 배우자가 어떻게 반응할 것으로 생각되나요?

C(결과물): 개인적인 결과물

Martell과 동료들(2001)이 행동활성화치료에 공헌한 것 중 하나는, 회피행동에 대한 부적 강화의 중요성을 인식한 것이다. 이러한 회피는 종종 개인 내적이다. 즉, 회피되는 자극은 내부적 경험(즉, 혐오적인 생각이나 감정)이다. 예를 들어, 어떤 내담자는 육체적 불편감(예: 숨이 참)을 초래하기 때문에 운동을 회피할 수 있고, 또는 어떤 학생은 부적절한 학생으로 보이는 혐오적인 생각 때문에 잘못된 과제의 추가 제출에 대해서 교수와 상의하는 것을 회피할 수 있다. 경험적인 회피는 상당히 자연스러운 반응임에도 불구하고, 그것이 활성화에 대응하는 수반성을 제시하기 때문에 활성화 과제를 복잡하게 만든다.

경험적 회피의 역할을 평가하는 것은 다른 범주보다 어렵고, 어떤 면에서는 다른 범주의 제거 과정을 통해서 가능할 수 있다. 다른 말로 하면, 만일 자극통제, 기술 결여, 그리고 환경적인 결과물이 배제된다면, 그것이 개인적인 결과물과 관련된다고 추정할 수 있다.

내담자가 자신의 과제를 수행하지 못했던 이유를 특정 짓지 못하는 사례도 있으며, 우리는 이 상황에서 경험적 회피가 역할을 수행했다고 추정해 볼 수 있다. 예를 들어, Elena는 온종

일 그녀의 아파트를 청소하도록 요청받았지만, 대신에 그날 대
부분을 잠자는 데 써 버렸다. 무슨 일이 있었느냐고 질문받았을
때, 그녀는 "나는 정말 모르겠어요. 일어나서 청소해야 하는 것
을 기억했지만 알람이 꺼져 버려서 할 수가 없었어요. 잠들었다
가 깼다가 반복하느라 정말 일어날 수 없었어요."라고 대답했다.
Elena에게 있어서, 침대에서 나오는 것의 결과물은 침대에 머무
르는 것과 비교해서 피하고 싶은 것이었다. 따라서 그녀가 침대
로부터 나왔을 때 그녀가 느낄 기분을 성공적으로 회피하기 위
해, 침대에 머무르는 행동은 부적 강화가 된다. Elena는 부적 강
화 과정에 대해 잘 알지 못하기 때문에 정확하게 보고할 수 없었
고, 바로 이 부분이 치료자로 하여금 그녀를 파악하기 힘들게 만
든다.

　개인적인 결과물을 평가할 때, 당신이 평가하는 개인적 경험 또
한 내담자가 성공적으로 회피할 수도 있다는 것을 명심하는 것
이 중요하다. 예를 들면, Elena의 치료자가 그녀에게 "당신은 일
어나서 집안일을 하는 것에 대해 불안감을 가졌나요?"라고 묻
자, Elena는 "아니요, 저는 어떤 기분도 들지 않았어요."라고 답
한다. Elena는 이 부분에서 거짓말을 하지 않았고 그녀는 감정
을 못 느끼지도 않는다. 대신에 우리는 Elena가 침대에 머무르
는 것을 통해 불안 경험을 성공적으로 회피했다고 추정할 수 있
다. 즉, 회피가 효과가 있었던 셈이다. 따라서 Elena에게 더 좋은
질문이 될 수 있는 것은 "일어나서, 침대 밖으로 나와서, 옷을 입
고, 아래층에 내려와서 집안일을 시작하는 것을 상상해 보세요.

기분이 어떤가요?"다. 이러한 상황에서 Elena가 성공적으로 회피를 해 왔을 수 있는 불안감의 단서를 제시함으로써 치료자는 Elena로부터 반응을 얻을 수 있고, 그 반응을 통해 불안 회피가 주된 문제인지 파악하는 데 도움받을 수 있다. 개인적인 결과물을 다루는 마음챙김 가치 활성화의 개입은 25장에서 검토된다.

경험적 회피와 기술 결여의 문제는 종종 함께 발견된다. 부여된 행동에 대한 기술을 가지고 있지 않은 내담자는 그것에 대해 더욱 불안해할 것이다. 그리고 기술의 결여와 불안감 때문에 더 회피하게 될 것이다. 따라서 기술 훈련과 마음챙김 가치 활성화 개입이 함께 사용될 수도 있다. 예를 들어, 매일매일의 생존을 위해 할 일로 압도당하는 가난한 내담자인 Jill을 고려해 보자. 그녀는 계획과 조직화 기술 훈련으로부터 이득을 얻을 수 있다. 그러나 그녀가 아무리 조직화하고 아무리 기술이 늘었어도, 가난과 관련된 심각한 문제는 그대로 남아 있을 것이다.

이런 상황에서 Jill이 자신의 에너지를 장기 목표로 전환할 때 받을 힘든 감정(예: 긴급한 생존에 늘 집중하지 못하게 함으로써 발생하는 스트레스를 받아들여야 함)에 대처하는 방법을 배우지 않는다면, 그녀는 절대로 활성화 과제를 완수할 수 없다. 종종 활성화는 개개인에게 장기간 수행 시에만 이득으로 변환되는 과제에 집중할 것을 요구한다. 그리고 Jill은 활성화 과제에 시간을 소비하는 것에 대해 매우 부정적으로 느낄 것이다. 왜냐하면 그 과제들 때문에 일상의 생존 문제에 집중하는 것을 방해받기 때문이다.

치료자에게 도움될 수 있는 질문은, 소진되고 압도되고 불안해하는 등의 강렬한 감정이 존재함에 초점을 맞춘 질문으로서, 다음과 같다.

- 당신은 좌절감, 분노, 스트레스, 혹은 그와 유사한 감정을 느꼈기 때문에 행동을 그만두었나요?
- 당신이 생각하기에 너무 스트레스를 받거나 혹은 비슷한 것을 느꼈기 때문에 행동을 회피하셨나요?
- 이 행동에 대해 생각했을 때/시도했을 때 어떤 기분이었나요?
- 이 행동에 대해 당신은 어떤 생각과 감정을 갖게 되었나요?
- 바로 그때 당신의 몸에 무슨 일이 일어났나요(불안감, 통증 등)?
- 그 행동을 하는 것을 떠올려 보고 나서, 갑자기 관련되지 않은 다른 어떤 것을 생각했나요?
- 과제 완수를 생각해 보았지만, 그 후 과제 시작할 시간이 다 될 때까지 중요하지 않은 다른 일(예: TV 보기)을 계속하셨나요?
- 만일 당신이 미래에서야 도움될 일 때문에 지금 '당장' 해야 하는 일로부터 시간을 떼어 확보해 놓을 것을 요청받는다면 어떤 기분이 들까요?
- 과제를 하느라고 다음 주까지 끝낼 수 없는 일은 무엇인가요? 그것을 끝마치지 못한다면 어떤 기분이 들까요?

일반적인 고려사항

기능적인 범주를 분류한 이유는 행동의 가장 두드러진 측면을 강조하기 위함이다. 기능적으로 정의하자면, 잘 이행하면 성공적인 활성화의 결과에 이를 수 있는 그런 행동의 측면으로 이해될 수 있다. 따라서 행동목록의 부족 또는 강화물의 변화에도 불구하고 환경적인 변별자극을 성공적으로 조작해서 목표행동을 산출할 수 있을 때 선행사건의 문제가 이상적으로 파악된다. 변별자극의 부재와 강화물의 변화에도 불구하고 성공적인 기술 훈련 개입을 통해서 목표한 활성화행동을 산출할 수 있을 때 행동목록 부족의 문제가 이상적으로 이해될 수 있다. 유사하게, 다른 변화가 없음에도 불구하고 수반성 관리 개입을 통해서 환경 강화물을 성공적으로 조작하고 목표한 활성화행동을 산출할 때 환경적 결과물의 문제가 이상적으로 설명될 수 있다.

그러나 개인적인 결과물의 문제는 좀 더 복잡하고, 마음챙김 가치 활성화 개입은 실제로 ABC 모델의 몇 가지 개념을 함께 목표로 삼는다. 개인적인 결과물은 변화시키기가 어려우므로 활성화의 목표는 마음챙김행동의 개입을 통해서 혐오적인 개인적 자극의 강도 혹은 중요성을 감소시키는 데 있다. 그리고 과거의 문제 있는 회피행동을 유지해 온, 즉각적이고 개인적인 결과물에 성공적으로 대응할 수 있도록 '언어로 표현된 가치의 진술'을 통해서 대안행동을 만들어 내는 것도 활성화 목표가 될 수 있다.

물론 활성화의 방해물이 다수의 영역에 걸쳐 있는 것도 흔한 일이다. 다른 말로 하면, 앞에서 기술된 4개의 기능적 범주는 서로 배타적이지 않다. 단순 활성화 과제를 완수하지 못한 하나의 실패는 몇몇 복합적인 문제에 의해서 통제될 수 있다. 예를 들어, 과제를 미루려는 내담자가 있다. 그것이 그녀를 불안하게 만들고(개인적인 결과물), 결국 잊어버리기 때문이다(자극통제의 결손). 유사하게, 배우자와 긴장감 있는 논쟁을 하는 것이 많은 불안감을 가져오는(개인적인 결과물) 내담자가 있는데, 이 내담자는 논의를 성공적으로 수행하는 데 필요한 대인 기술이 부족하기 때문이다(행동목록 부족). 이어지는 4개의 장에서 기술될 개입은 이러한 사안을 단독으로 혹은 조합하여 다룰 수 있는 기법을 제공한다.

22

포스트잇 노트와 다른 자극통제 절차

 앞 장에서 언급한 것처럼, 내담자는 종종 잊어버리기 때문에 적어도 부분적으로는 과제 완수에 실패하곤 한다. 내담자는 회기 중에 고안된 과제를 집에 가 있는 일주일 동안 잊어버리고, 그 후 다음 회기에 돌아온다. 아마도 과제를 기억하는 것은 상담 회기를 찾아오는 차 안에서일 것이다. 행동활성화치료자에게 있어서, 이것은 게으름의 문제 혹은 치료에 참가하는 동기의 문제가 아니다. 그것은 자극통제의 문제다. 자극통제의 문제에 직면했을 때 행동활성화치료자가 궁금해하는 것은, 목표한 행동을 불러일으킬 방법으로써 어떻게 내담자의 환경을 만들어 주어야 하는가의 기술적인 문제다. 자극통제 개입은, 높은 비율로 목표 행동을 환기시켜 줄 거라는 희망을 품고 내담자의 환경에 다소 인위적으로 알려 주는 것(변별자극)을 끼워 넣는 방법이다.

 실제로 자극통제 알림은 종종 단순하게 붙이는 노트의 유형을 사용한다. 그리고 치료 기술은 어느 곳에 그것을 둘지 결정하는 것이다. 포스트잇 노트는 값싸고, 휴대 가능하고, 요긴하게 위치할 수 있으므로 자주 활용된다. 또는 가족 구성원에게 말로 상기시켜 달라고 요청할 수도 있고, 치료자가 내담자에게 상기 시켜 주는 전화를 걸 수도 있다. 만일 치료자가 보기에 내담자가 알림을 붙여 놓는 것을 따르지 않을 수도 있다고 의심이 들면, 회기 중에 내담자에게 자신의 음성 메일을 녹음해서 남겨 놓게 함으로써 도와줄 수도 있다. 또한 창조적이고 행동 특정적인 자극은 강력한 알림 기능을 할 수 있다. 예를 들어, 만일 내담자가 퇴근 후 강아지를 산책시키는 것을 과제로 부여받았다면(아마도 내담자가 즉각적으로 TV를 켜는 것을 방지하기 위해서), 치료자는 내담자에게 알림의 방법으로서 출입문 밖에 강아지 가죽 끈을 걸어 놓을 것을 요청할 수 있다.

알림의 위치(즉, 노트를 어디에 붙일지)가 중요하다. 그것은 냉장고 위, 침대 옆 테이블 위, 욕실 거울 위, 자동차 핸들 위, 지갑 안, 혹은 휴대전화에 위치해야만 할까? 모든 위치는 획일적으로 생성되지 않으며, 그 목표는 적절한 시간에 올바른 행동의 신호를 주기 위해 내담자의 환경을 정비하는 것이다. 만일 내담자의 목표가 친구에게 전화하는 거라면, 노트는 그녀의 전화기 위에 위치할 수 있다. 만일 과제가 매일 옷을 갈아입는 것이라면(온종일 잠옷만 입는 것에 반대됨), 노트는 침실 문 안쪽에 위치해야 한다. 위치의 중요성은 또한 글로 쓰이지 않은 알림에도 적용된다. 예를 들어, 만일 내담자가 자신의 운동복을 다림질하려고 한다면, 옷은 일어났을 때 바로 볼 수 있는 곳에 놓여야 한다. 다른 사람으로부터 알림이 주어지는 것도 비슷한 고려사항이 지켜져야 한다. 언제 그리고 어떤 상황에서 내담자의 과제에 대해 말로 알림을 받는 것이 가장 유용할지 고려하는 일이 중요하다.

알림이 제시되는 방법과 시간을 결정할 때, 내담자와 협력해서 작업하는 것이 중요하다. 왜냐하면 내담자는 종종 형편없는 자극통제 방법을 제안하기 때문이다. 예를 들어, 몇몇 어린 내담자는 과제를 그들의 손에 글씨로 써 놓는 것('이번 주 매일 아침 운동하기')을 원할 수 있다. 이것은 두 가지 이유에서 좋지 않은 알림이다. 첫째, 써 놓은 것은 필연적으로 며칠 내 읽을 수가 없을 것이고 주말이 되기 전에 알아볼 수 없게 된다. 둘째, 이러한 알림은 어떤 방식으로도 그 행동과 연결될 수 없다. 왜냐하면 내담자가 운동하기 적당한 시간 동안에는 빈번하게 자신의 손을 들여다보지 않을 수 있기 때문이다.

우리는 활성화의 초기 실패에 대한 반응으로서 자극통제 절차를 사용하는 것으로 생각하지만, 어떤 면에서는 자극통제 개입이 기본적인 활성화 과제에 포함된다는 것을 알고 있어야 한다. 예를 들어, 단순히 활성화 기록지에 과제를 적어서 내담자가 그 기록지를 어디에 둘지 논의하는 것 자체가 기본적인 자극통제 개입이다. 비슷하게, 만일 내담자가 달력 혹은 일일 계획 수첩을 효과적으로 사용하는 것을 일상으로 정립해 놓았다면, 그것은 이미 일상적이고 유용한 것이다. 만일 그렇지 않다면, 이러한 기술을 배우는 것은 행동목록의 문제로 여겨질 것이다(23장). 초기 과제로서 일일 계획 수첩을 사는 것이 유용할 것이다.

자극통제 절차와 관련된 마지막 고려사항은, 내담자가 정상으로 돌아간 후 제거될 수 있는 일시적인 개입인지, 아니면 내담자의 우울하지 않은 일상을 장기적으로 구축하는 것을 도울 수 있는 영구적인 개입인지 여부다. 앞에서 언급한 몇몇 특정 개입은 명확하게 일시적이다(예: 친구로부터 구두로 알림 받기). 반면에 다른 것은 최소의 부담을 갖고 더 영구적일 수 있다(예: 달력에 적어 놓기). 내담자는 자극통제 개입이 유치하다고 느낄 수 있다. 그들은 교정 훈련이 필요하다고 주장하거나 혹은 단순히 의지력이 부족하다고 주장하기도 한다. 따라서 내담자에게 일러주기가 모든 사람에게 새로운 행동을 불러일으키는 데 필수적이라고 설명하는 것이 중요하다. 우리가 포스트잇으로 뒤덮인 집을 추천하는 것이 아님에도 불구하고, 일반적으로 행동주의자인 우리는 사람들의 영구적인 일상이 될 정규적인 일러주기의 중요성을 인정한다.

23

기술 훈련

기술 훈련은 다양한 치료 패키지에 포함되는 인지행동적 기법으로서 폭넓게 사용된다(Beck et al., 1979; Linehan, 1993). 그것은 행동활성화치료에 유일한 것이 아니다. 이러한 치료 패키지는 기술 훈련을 이미 내장된 구성 요소로서 제시한다. 반면, 여기서 제시된 Martell과 동료들(2001)의 주장과 맥을 같이하는 행동활성화치료는 모든 내담자에게 기술 훈련을 권유하지는 않는다. 대신에 행동활성화치료에서는 실패한 단순 활성화에 대해 기능적 평가를 수행하고, 행동목록 부족의 여부를 결정한 후에 기술 훈련을 사용한다.

우리는 여기에 비사교적 기술과 사교적 기술을 다루는 방법에 대한 설명과 예시를 제시한다. 지금의 설명이 간결하다고 해서, 기술 훈련 개입이 당연히 손쉬운 것이라고 생각해서는 안 된다. 새로운 기술을 배우는 것은 시간, 연습 그리고 시행착오가 필요하다. 치료자는 세심하게 원하는 기술 수준의 근사치까지 만들

어 나가고 연속적으로 강화하는 것이 중요하다. 그리고 내담자
에게 이러한 논리를 제공해 주는 것이 도움될 수 있다. 또한 피
아노나 스키를 배우는 것처럼 내담자가 이전에 배워 봤던, 잘 알
려진 기술 습득 과정에 비유하는 것이 도움될 수 있다. 그 기술
은 명백하게 인내심과 연습, 그리고 일련의 발전 단계를 필요했
던 것이므로, 장기간의 기술 훈련 개입의 단계를 설정하는 데 도
움을 받을 수 있다.

비사교적 기술의 결여

비사교적 기술 결여의 예로, 미취업 상태이고 온라인 구직 자
료를 사용하는 방법을 모르는 Mary를 고려해 보자. Mary에게 컴
퓨터 사용 지침을 제공해 주는 일로 몇 개의 회기를 소비해 버리
는 것은 치료자의 시간을 비효율적으로 사용하는 것이다. 필요
한 기술을 습득하는 활성화 과제를 통해 회기 밖의 과제에 집중
하도록 하는 것이 더 효율적이다. 예를 들자면, 기초 인터넷 기
술 수업에 참가하도록 하거나 지역 도서관에서 컴퓨터 기술 훈
련 도서를 대출하도록 하는 과제를 부여할 수 있다. 이러한 기술
을 연습하고 적용하기 위해, 컴퓨터에 자주 접속하는 과제에 초
점을 둘 수 있다. 따라서 비사교적 기술 결여는 종종 치료자가
한발 물러나서 필요한 기술을 습득하게 할 활성화 과제를 할당
해 주는 것이 적절할 수 있다.

특히 일상의 스트레스 요인에 압도되는 몇몇 내담자는 또 다
른 특별한 기술인 문제 해결하기를 배워야 할 필요가 있다. 우리

는 Nezu, Nuzu와 Perri(1989)의 문제 해결을 위한 간단한 개입법을 추천한다.

사교적 기술의 결여

이와는 반대로, 사교적 기술의 결여는 치료자의 직접적인 개입으로 잘 처리된다. 사교 기술 훈련은 치료적인 개입으로서 적절하고 효과적인 대인 기술의 발전에 초점을 둔다(Sergin, 2003). 우리는 여기에 사교 기술 훈련의 간략한 설명과 예시를 제공하며, 추가적인 독서를 권장한다. 우리는 특히 DBT(Linehan, 1993)의 기술 훈련 절차에 감명을 받았다. DBT는 본래 복합적 문제를 지닌 경계선 성격장애 내담자를 위해 고안되었지만, 우울증 내담자를 위해서도 적용할 수 있다.

Sergin(2003)에 따르면, 사교 기술 훈련은 4개의 구성 요소로 나뉜다. 첫째는 개별적으로 무엇을 해야 할지에 대한 직접적 지시, 둘째는 치료자에 의해서 보이는 더 향상된 행동의 모습에 대한 모방학습, 셋째는 목표하는 기술을 치료자와 함께 역할 연기하기, 넷째는 실제 장면에서 연습하도록 과제 부여하기가 그것들이다.

휴가를 계획해 왔지만 그의 상사에게 휴가를 효과적으로 요청하지 못하는 Jeremy를 고려해 보자. 그의 치료자가 살펴보니, Jeremy는 권위적인 사람에게 적극적인 요청을 하는 데 있어 행동목록이 부족했다. 이러한 문제에 대해 평가한 후, 치료자는 Jeremy가 요청하는 방법을 어떻게 향상할지에 대해서 교훈적인 정보(예: 좀 더 지속해서 명료하게 요청하기)를 제시했다. 그 후 치료자는 단호하게 요청하는 모습을 시연해 주었는데, 치료자가 Jeremy의 상사 역할을 하고, Jeremy가 휴가 요청을 반복적으로 연습하는 역할연기를 하였다. 역할연기 가운데, 치료자는 그가 무엇을 잘했는지에 대한 피드백을 제공하고 그가 효과적이지 않게 행한 것에 대해서는 대안을 제시한다. 결국, Jeremy는 회기 밖에서 확고하게 요청하는 것이 과제로 부여된다. 행동활성화치료에서 모든 과제는 성공의 가능성을 증진하기 위해 조심스럽게 단계별로 진행되어야 하며, 이러한 과정은 몇 주가 걸릴 수 있다. 예를 들어, Jeremy의 치료자는 그의 상사에게 휴가를 요청하는 것에 앞서서, Jeremy에게 덜 위협적이고 권위가 있는 다른 사람에게 새로운 기술을 시험해 보라고 요청한다.

치료 관계에서의 사교 기술 훈련

기능분석치료와 마찬가지로, 우리는 치료 장면에서 발생하는 좀 더 능동적이고 건강한 행동을 관찰하고 다듬을 수 있는 치료적 기회를 강조한 바 있다. 행동목록의 부족은 이러한 것 가운데 최상의 예시다. 왜냐하면 만일 내담자가 일정한 대인 기술이 부족하거나 혹은 그것이 약점이라면, 내담자와 상호작용하는 치료자가 그것을 자주 관찰할 수 있기 때문이다. 치료상의 관계는 그러한 기술을 형성하고 구축하는 데 유용한 장면이 될 수 있다. 왜냐하면 치료자는 내담자의 삶 속 다른 사람보다 내담자의 부분적인 향상에 더 섬세하게 반응할 수 있기 때문이다. 예를 들어, 그녀의 감정이 어떠한지에 대해 이야기하는 데 큰 어려움을 지닌 내담자를 고려해 보자. 초기에 그녀가 머뭇거리며 어색하게라도 시도하는 행동은 내담자로서는 큰 향상으로 간주할 수 있다. 그러나 이런 어색함은 다른 사람에게 꾸짖음을 듣거나 혹은 적어도 긍정적인 반응을 얻지 못하는 결과를 초래할 수 있다. 이상적인 행동으로 세심하게 만들어 가는 치료자에게는 초기의 그러한 어색한 시도도 감격스럽게 받아들여질 수 있고, 따라서 치료자는 그런 양상으로 반응해 줄 수 있다. 치료자는 내담자에게 그녀가 개인적으로 잘 반응했지만 다른 사람에게 시도하기 전에 회기 중에 연습이 더 필요하다고 말해 줄 수 있다.

대인 기술을 향상시키기 위해 생생한 기회를 활용하는 것은, 때때로 전형적인 사교 기술 훈련 절차에 상반되는 개입을 제안해 볼 수 있다. 단호하게 요구하는 것에 어려움을 갖는 내담자 Jeremy의 예시를 다시 살펴 보자. 사실 치료자는 수동적이고 소극적인 행동에 대한 선행사건으로서 특정적인 기능을 가진 권위자의 역할을 담당할 수 있다. 치료자가 Jeremy에게 그의 상사와 더 적극적인 상호작용을 하는 역할연기를 제안했을 때, Jeremy는 "저는 역할연기가 싫습니다. 그리고 정말로 이것을 하고 싶지 않아요."라고 대답했다. 치료자로서는 역할연기를 계속하자고 독려하는 것 또는 Jeremy의 말을 듣는 것 중 하나의 선택권을 가진다. 여기서 무엇보다 중요한 것은, 역할연기를 원하지 않는 것에 대한 Jeremy의 진술은 실제로 매우 단호한 진술이라는 점이다. 따라서 치료자는 이런 상황에서 Jeremy의 단호한 행동에 대해 자연스러운 강화를 제공하려는 목적으로서, 역할연기를 하지 않기로 합의할 수 있다. 다소 역설적인 법칙이 여기에 적용된다. 소극적인 내담자로부터 거절의 요청을 받았을 때, 내담자가 단호하게 행동하고 있음을 의미하며, 그 단호한 요청은 반드시 수락되어야 한다는 것을 의미할 수 있다. 이것은 복잡한 치료적 개입이며, 추가적인 고려사항은 Kohlenberg와 Tsai(1991), Tsai 등(2008)의 기능분석치료 저서에 실려 있다.

24

수반성 관리

환경적 지원이 부족하여 단순 활성화가 실패했다고 판단되면, 행동활성화치료자는 수반성 관리 절차로 전환한다. 전통적으로, 수반성 관리 절차는 측정 가능한 목표행동(예: 체중 감소, 금주)에 뒤이어 나타나는 결과물의 산출 과정을 통제하는 매우 체계적이고 통제적인 개입으로 정의된다. 이러한 개입에서 제공되는 결과물(예: 약물 절제를 위해 주어지는 돈)이 매우 강제적인 것으로 보일 수 있지만, 그 결과물 덕분에 뿌리 깊게 자리 잡은 문제행동에 반하는 대립적인 수반성을 확고히 하는 이득이 있고, 그것이 매우 효과적이라는 것이 입증되었다(Melin, Andersson, & Götestam, 1976).

회기 밖에서의 활성화를 지원하기 위해 행동활성화치료자가 하는 수반성 정비 노력을 우리는 수반성 관리라는 용어로 표현한다. 구체적으로 살펴보면, 수반성 관리에 대한 우리의 논의는 Lejuez 등(2001)이 발전시켜 온 절차에 부합하며, 우울하지 않은 행동의 증가를 도모하는 방식으로 내담자 삶 속의 중요한 사람과 약속을 맺는 것을 의미한다. 만일 성공적으로 적용된다면, 중요한 다른 사람과의 약속은 가장 자연스럽고 직접적으로 우울하지 않은 행동의 형성을 도와준다. 그러나 약속을 수락하는 것이 가능하고, 그럴 의지가 있고, 그럴 수 있으며, 두드러진 수반성을 통제해 줄 수 있는 적당한 사람이 필요하다. 따라서 환경적 결과물이 쟁점이 되는 많은 상황, 예를 들어 가능한 자연스러운 강화가 거의 없는 때(대인관계적으로 또는 다른 경우로)이거나 즉각적인 행동을 필요로 하는 때에는, 다른 사람과의 약속은 가능한 개입이 아니다. 다른 일시적인 수반성 관리 절차가 이러한 상황에 적용될 수 있고, 이는 다음에서 논의된다.

중요한 사람과 약속하기

매우 단순하게 이야기해서, 행동활성화치료에서 다른 사람과 약속하기 방법은, 그 사람이 우울증 행동을 강화하는 것을 중지하고 우울하지 않은 행동을 강화하는 방식으로 내담자에게 반응하도록 변화시키는 것이다. 중요한 타인은 종종 우울증에 걸린 사람에게 선의의 다정한 반응을 보임으로써 우울증을 유지하는 것을 돕는다. 이러한 문제가 있는 반응은, 남아 있는 허드렛일을 도와주기, 원래는 용서되지 않는 일을 용서해 주기, 요청해야 할 일을 요청하지 않기 등의 형태로 이루어진다. 예를 들어, 최근 실직하고 현재 이혼 절차를 밟고 있는 Steve를 고려해 보자. Steve는 온종일 침대에서 머무르고 새로운 직장을 알아보지 않고 있다. Steve의 아파트는 그가 청소하지 않아 엉망이다. 그 결과 Steve의 어머니가 그의 아파트에 가서 매주 완벽하게 청소해 준다. 그녀의 어머니가 명백하게 아들을 도와주기 위해 최선을 다했음에도 불구하고, 그녀는 실제로 Steve의 우울증 행동(즉, 침대에 머물러 있고 집안일을 하지 않는 행동)을 강화한다. 사실 그녀는 실제로 Steve가 그의 무기력한 행동의 결과물과 접촉하는 것을 막아 주고 있는 셈이다.

이상적으로 될 수 있다면, Steve의 어머니가 Steve에게 어떻게 다르게 반응해야 하는지를 논의하기 위해 회기에 동참할 수 있다. 치료자는 행동활성화치료의 근거를 제시해 줄 수 있고, 왜 이런 행동이 Steve가 우울함에서 벗어나는 것에 실제로 도움이 안 되는지를 설명해 줄 수 있다. 중요한 타인의 세심하고 다정한 반응이 항상 내담자를 도와주는 기능을 하는 것은 아님을 조심스럽게 이야기하는 것이 중요하다. 앞의 예에서, Steve의 어머니는 그녀의 행동을 다정하게 보살피는 행동으로 보기 때문에, 가족 구성원에게 이런 방식으로 행동하지 못하도록 하는 것이 매우 어려운 일이다. 만일 내담자와 중요한 타인이 치료 논리에 동의한다면, 치료자는 내담자의 행동에 대응하는 가능한 대안을 그들에게 제의할 수 있다. 예를 들어, 어머니에게 Steve가 적어도 일어나서, 침대 밖으로 나오고, 청소를 도울 때까지는 청소를 하지 말라고 요청한다. 만일 그가 어머니를 돕는다면, 어머니는 그가 즐길 수 있는 일을 하는 것을 승낙해 줄 수 있다. 복잡함을 고려해서, 서명이 포함되고 추후에 각자가 참고할 수 있는 특정한 서약서를 작성하는 것이 종종 도움이 된다. 약속은 매우 구체적이어야 한다. 각각의 당사자는 그들이 무엇에 동의했는지, 그리고 이행한 후 또는 이행하지 못한 후 어떤 결과물이 있는지 반드시 알아야 한다.

약속은 다양한 상황에 효율적으로 적용될 수 있고 복잡할 필요는 없다. 예를 들어, 운동 프로그램을 처음 시도하는 내담자를 비웃지 않는 것에 동의한 룸메이트, 내담자가 여분의 시간을 취업신청서 작성에 노력했을 때 저녁을 차려 주기로 동의한 배우자, 내담자의 아파트에서 고립되어 보내는 시간이 아니라면 내담자와 많은 시간을 보내 주기로 동의한 친구 등이 가능한 예시다.

다른 수반성 관리 개입

치료를 하면서 강제적인 수반성 개입이 필요한 상황이 있다. 지속된 우울증 행동 때문에 어그러진 환경을 기준선까지 되돌릴 필요가 있을 때 혹은 일시적이지만 중요한 활성화 과제를 지원하기 위해 강제적인 수반성 조작이 요구된다. 하찮은 일이지만 꼭 필요한 일인 세탁을 고려해 보자. 우울증에 걸린 내담자는 몇 주 동안 세탁을 뒤로 미루었고, 그래서 온종일 빨고, 닦고, 개어서, 치워 두어야 할 어마어마한 양의 더러운 옷더미를 남겨 놓았다. 아마도 이 일을 완수하기 위한 중요한 강화를 만들어 내지 못할 것이고, 관련된 가치들과 연계시키는 것도 어려울 것이다. 따라서 행동활성화치료자는 더욱 성공적으로 일상에 통합할 수 있는 관리 가능한 규모(예: 일요일마다 적정량 하기)로 일을 되돌리기 위해, 자동적으로는 발생하지 않는 수반성을 도입할 수 있다. 예를 들어, 세탁이 완료되기까지 TV 시청을 제한하고 세탁 후 보상으로 TV 보기를 허용해 줄 수 있고, 혹은 세탁이 끝나고 저녁을 외식으로 스스로 대접하는 것도 가능하다. 이러한 자기 주도적인 강화는 내담자가 서명한 서약서에 기록될 수 있다.

만일 이 내담자가 종종 TV를 본다면, 첫 번째 과제는 프리맥 원리라고 알려진 것을 활용하는 것이 될 것이다. 프리맥 원리란, 낮은 빈도의 행동 완수를 위해서 강화물로서 높은 빈도의 행동이 사용될 수 있다는 원리다. 다시 말하면, 무언가 어려운 일을 하기 위해 '보상'을 제공한다. 행동활성화치료자는 일반적으로 이 원리를 사용하는 것(혹은 외식 같은 다른 '보상'을 사용하는 것)을 꺼린다. 왜냐하면 강화물이 임의적이고 대개 일반화하기가 어렵기 때문이다. 지금의 예시는 그러한 개입이 필요할 때, 즉 그 행동이 중요하고 강제적인 조치 없이는 일어나지 않을 것 같은 때에 추천된다. 이런 사례에서는 그것이 장기 활성화 계획의 시동을 위해 도움이 될 수 있다. 일단 밀린 빨래를 완수한 후, 세탁기를 한 번씩 돌리는 일이 활성화 과제로서 매주 특정 시간에 일정 계획에 설정되어야 한다.

다른 사람과의 약속을 포함하는 인위적인 수반성은, 자연스러운 강화가 사용되지 못할 때 내담자와 치료자 사이에서 마련될 수 있다는 점에 주목하는 것이 중요하다. 치료 과정과 관련되지 않은 이야기를 치료자에게 얘기하는 것을 좋아하는 내담자를 고려해 보자. 이 내담자는 또한 최근의 부상 뒤에 따르는 물리치료

운동에 참여하는 과제를 완수하기 위해 노력하고 있다. 그것을 어떻게 해야 하는지 잘 알고 있고 기억하고 있음에도 불구하고, 내담자는 '해야 할 동기를 못 찾겠음'이라고 보고했다. 치료자는 이때 수반성을 마련하기 위해서, 만일 내담자가 과제로 부여된 운동을 완수한다면, 그녀는 차후 회기에서 그녀가 원하는 어떤 내용이라도 10분간 논의할 수 있음을 제안할 수 있다. 만일 내담자가 과제로 부여된 운동을 완수하는 데 실패한다면, 주제에서 벗어난 논의를 위한 시간이 허락되지 않을 것이고, 치료자는 과제가 완수되지 못한 이유에 대해 기능적 평가를 수행하는 데 시간을 쓸 것이다(이는 많은 내담자에게 가벼운 처벌 정도로 경험됨). 여기에서 사용된 특정한 수반성이 강제적으로 여겨지지만, 기능분석치료에 의해 추천되었던 것처럼 치료자가 강화물로서 사용한다는 이점이 있다. 내담자의 행동을 조성하기 위해 치료상의 관계를 사용하는 더 자세한 방법은 28장에 포함되어 있다.

행동활성화치료자는 강력한 강화물을 사용하지 못할지라도, 내담자의 행동을 위한 수반성 관리와 관련된 창의적인 방법을 고안할 수 있다. 다음 회기 전까지 무슨 일이 있어서 반드시 과업(예: 학자금 대출 서류 작성하기)을 완수해야 하는 내담자를 고려해 보자. 이 상황에서 치료자는 다음과 같이 이야기함으로써 수반성을 조작하는 시도를 할 수 있다.

당신은 이것을 절대적으로 수행할 필요가 있을 것 같아요. 당신에게 조금 더 흥미있는 무언가를 해 보는 것이 어떨까요? 지금 당장 당신이 싫어하는 정당에 수표를 써 주는 건 어떨까요? 만일 당신이 다음 주 과제를 하지 않은 채 나타난다면, 제가 그 수표를 당신이 싫어하는 그 정당으로 보내겠습니다. 만일 당신이 과제를 수행한다면, 우리는 그 수표를 찢어 버릴 수 있습니다.

활성화의 가능성을 높이기 위해 행동하지 않는 것에 대해 처벌의 수반성을 부가하는 치료자의 예시다. 회기 밖의 행동에 치료자가 제공하는 수반성은 다소 강제적이고 명백히 일시적이라는 사실에 주목하는 것이 중요하다(예: 치료가 끝났을 때 수반성도 종료됨). 궁극적으로는, 우울하지 않은 내담자의 행동이 자연스러운 실제 세상에서의 수반성에 의해서만 유지될 것이므로, 치료자는 이러한 개입에 과하게 의존하지 말아야 한다. 이 사안에 대한 좀 더 자세한 사항은 26장을 보라.

25

마음챙김 가치 활성화

가장 중요한 활성화 과제는 종종 우울, 불안, 또는 다른 불편한 감정의 즉각적인 증폭을 이끌어 낸다. 다른 과제는 부정적인 생각 혹은 고통스러운 기억을 이끌어 낸다. 아침에 침대 밖으로 나오는 것은 어렵다. 피로, 고통, 경련이 있을 때 운동을 하는 것은 지속적인 노력이 요구된다. 직장을 구하기 위한 활동하기, 이력서 새로 작성하기, 지원하기, 면접 보러 가기는 모두 자기의심, 자기비판, 그리고 계속되었던 실패와 거절의 생각을 불러일으킨다. 이러한 개인적 결과물은, 무기력을 통제하고 행동에 맞서서 강하게 대립하는 수반성을 수립하는 데 있어 중요한 요소가 될 수 있다.

몇몇 저자는 정신병리에서 개인적인 결과물의 중요성과 역할에 대해서 언급한 바 있다. Hayes와 동료들(Hayes, Wilson, Gifford, Follette, & Strosahl, 1996)은 혐오적인 개인적 결과물을 회피하는 것에 의해서 통제되는 행동을 **경험적 회피**라고 이름 붙였다. 그들은 기능적으로 정의하여 경험적 회피는 많은 진단적 범주에 해당하는 폭넓은 정신병리적 영역을 포괄한다고 주장하였고, 이러한 문제점을 목표로 하는 수용전념치료 절차를 발전시켰다. David Barlow와 동료들(2004)은 정서장애(우울이나 불안) 치료에서 필수적인 치료 요소 세 가지 가운데 하나가 경험적 회피를 방지하는 것이라고 주장했다. 마찬가지로, Martell과 동료들(2001)에 의한 행동활성화치료에서는 다양한 처치 기법을 통해 그러한 회피의 유형을 최우선적인 대상으로 삼았다. 대립하는 경험적 수반성에 직면해서 행동을 활성화할 때, 마음챙김으로 알아차리는 것과 가치가 담당하는 역할을 강조하기 위해 이러한 일련의 기법을 마음챙김 가치 활성화라고 임시로 명명한다.

　이 사안에 대한 우리의 논의는 대체로 Martell과 동료들의 견해(2001)와 일치하는데, 개인적 결과물이 활성화의 주요한 방해물이라는 사실을 기능적 분석을 통해 확인했거나 단순 활성화가 실패로 끝났을 때만 마음챙김 가치 활성화를 사용해야 한다는 점에서 부합된다. 이미 기술한 다른 개입 요소(자극통제, 기술 훈련, 수반성 관리)는 단순 활성화와 동등하게 적용할 수 있지만, 마음챙김 가치 활성화는 복잡성과 난이도의 측면(내담자와 치료자 모두에게)에서 단순 활성화보다 높은 단계에 해당한다. 다른 말로 하면, 마음챙김 가치 활성화는 활성화가 이루어지는 방법이 변해야 한다는 것을 의미한다. 이 책을 통한 우리의 목표는 행동활성화치료의 단순함, 편리함 그리고 효율성을 기술하는 것이기 때문에, 아래 기술된 기법은 필요시에만 사용할 것을 제안한다.

행동활성화에서 내담자와 함께 회피에 대해서 논의하기

경험적 회피에 대해서 내담자와 논의할 때, 전반적인 치료 근거를 제시하기 위해 Martell과 동료들(2001)의 주장을 수정한 '세 개의 원'이라는 도표([그림 25-1])를 사용하는 것이 도움되었다. 왼쪽 위에서부터 시계방향으로 움직이며, 첫 번째 원은 삶의 사건에 해당하며, 두 번째 원은 이러한 자극에 자연스럽게 반응하는 우울 증상을 나타낸다. 예를 들어, 배우자의 죽음이나 직장을 잃는 것(부정적인 생활사건)은 다른 정서적인 반응(예: 불안)뿐만 아니라 우울증의 몇몇 증상(예: 울음, 슬픔, 감정의 둔마)을 이끌어 내는 기능을 할 수 있다. 도표를 사용할 때, 우리는 첫째로 내담자와 치료자가 협력해서 원의 내부에 삶의 사건을 나열할 것을 권유한다. 그런 다음, 치료자가 삶의 사건이라는 이름을 붙이고, 증상도 동일하게 작업한다. 치료자는 삶의 사건부터 증상까지의 관계를 강조하기 위한 화살표를 그려 넣는다. 치료자는 부정적인 삶의 사건과 우울증 증상 사이의 관계가 자연스럽고 정상적이며 모든 사람에게 발생한다는 점을 강조해야 한다. 우울증의 이러한 증상 그리고 관련 증상은 맥락을 고려했을 때 이해가 된다고 강조하는 게 핵심이다. 사람은 느끼는 방식 그대로 정서 경험을 해야 한다는 맥락을 의미한다. 우울 증상을 경험하는 것은 그 사람이 미쳤다는 것을 의미하는 것이 아니다. 난감한 부정적 삶의 사건이 발생했고, 그것에 대해 다른 사람이 반응하는 방식대로 그 개인이 그렇게 반응한다는 것을 의미한다.

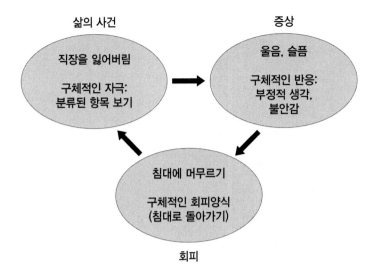

[그림 25-1] 세 개의 원 도표를 이용해서 내담자에게 회피에 대해 설명하기

　행동활성화치료에서는 내담자에게 이런 반응에 대해 어떻게 행동해 왔는지 이야기할 것을 요청한다. 구체적으로, 치료자는 개인이 혐오적인 증상을 경험할 때 가능한 한 회피하기를 원하는 것은 자연스러운 것이라는 점을 강조하고, 내담자가 회피해 왔던 방법에 대해 생각해 볼 것을 요청한다. 내담자는 보통 구체적인 반응을 이야기한다. 침대에 머무르기, 술 마시기, 약물 사용하기, 일하러 가는 것을 회피하기, 전화 받는 것을 회피하기, 어떤 일에 대해 생각해 보는 것을 시도하지 않기 등이 포함된다. 이러한 반응은 종종 몇몇 우울증의 행동적 증상인 과식, 과도한 수면, 침대 머무르기를 포함한다. 치료자는 이러한 반응을 회피라고 이름을 붙이고, 이들 둘 사이의 관계를 보여 주기 위해서 증상이라는 원부터 회피라는 원까지 화살표를 그려 넣는다.

내담자는 대개 논의가 다음과 같은 결론으로 이르는 것을 볼 수 있다. 주어진 맥락에서 회피 반응이 이해가 됨에도 불구하고, 실제로 길게 봤을 때는 그것이 상황을 어렵게 만들고, 또 다른 부정적인 삶의 사건이 발생하는 것에 기여한다는 결론에 이른다. 구체적으로 말하자면, 회피는 단기적으로는 삶의 혐오적인 개인적 경험의 감소를 이끌지만, 장기적으로는 초기에 문제를 발생시킨 부정적인 사건을 해결하지 못하고 부가적인 부정적인 사건을 축적하게 되는 결과에 이를 것이다. 치료자는 회피로부터 삶의 사건까지 화살표를 그려 넣고, 이러한 반응 양식으로 인해 더욱 깊은 우울증의 소용돌이로 빠져드는 결과가 나타나게 됨을 강조한다. 그 후 치료자는 이런 악순환을 깨기 위해, 이러한 증상에 직면했을 때 반드시 회피를 대체할 수 있는 대안을 찾아낼 것을 제안한다.

[그림 25-1]에서는, 어떻게 세 개의 원 도표가 회피의 구체적 예시를 살펴보는 데 쓰일 수 있는지를 Martell과 동료들(2001)의 TRAP이라는 알파벳 약자를 활용해서 보여 주고 있다. T는 Trigger(삶의 사건들의 구체적인 예시)를 나타내고, R은 Response(증상들의 구체적인 예시)를 나타내며, AP는 Avoidance Pattern(회피의 구체적인 예시)을 나타낸다. 직업 광고란을 살펴보고는 다음 주에 찾아볼 만한 3개의 일자리를 검토하라는 과제를 할당받은 Jim을 고려해 보자. 예정된 시간에 앉아서 신문을 살펴보기(Trigger)를 시작했음에도 불구하고, Jim은 시작하자마자 부정적인 생각(예: "내가 왜 이걸 시도해야 하지? 나는 절대로 일자리를 얻을

수 없을 거야.")과 생리적 불안감(예: 가슴 조임)에 압도되었다고 보고했다. 이것은 그의 특징적인 반응이다. Jim은 찾아보는 것을 멈추고 침대에 누워 버렸다(Avoidance Pattern)고 보고했다. 더군다나 Jim은 알아보는 것을 그만두고 나니 부정적인 생각과 불안감이 빠르게 진정됐다고 보고했다. 그러나 그는 진전 없이 한 주가 지나가 버리는 것에 상당한 무능감을 느꼈다.

Jim을 위해 초기에 할 일은 TRAP의 방법으로 이것을 식별해 보고, 그의 우울증에 공헌하는 또 다른 TRAP을 확인해 보는 것이다. TRAP의 식별은 어려운 활성화 과제로 유도된 반응을 내담자가 인식할 수 있게 도와주는 간단한 방법이고, 또한 대안적 대처 행동을 마련하기 위한 알림의 역할을 한다. 다른 말로 하면, 우리는 Jim에게 TRAP(함정) 밖으로 나가서 다시 trac[k](정상 궤도; Trigger, Response, Alternate Coping; Martell et al., 2001, p. 102)에 올라타기를 희망한다. 이 예시에서 정상 궤도란 부정적 사고와 불안에 직면해서 구직 활동을 지속함으로써 부정적 사고와 불안감에 대해 마음챙김하는 태도로 다가가는 것을 의미하는데, 이는 다음에 다시 논의하게 된다.

마음챙김

마음챙김 개입은 여러 저자가 제안했고, 행동활성화치료를 포함하는 '제3세대' 심리치료 접근법 가운데 하나로 자리매김했다(Hayes et al., 2004). 이러한 제3세대 저자는 대개 정신적인 함축성을 지닌 개입을 배제하고 핵심적인 특징에 집중했다. 예를 들

어, Dimidjian과 Linehan(2003)은 마음챙김에 대해 다음과 같이
정의했다.

마음챙김이란, 단지 무언가를 의식하고 있는 것으로 이해될 수 있
다. 그것은 직접적이고 즉각적인 경험 단계로서, 개념, 범주 그리고
기대로부터 분리된 것이다. 그것은 당신이 눈을 크게 뜨고, 생생하
게 살아가는 방법이다. 실행으로서의 마음챙김은, 오직 한 가지 일
에만 직접적으로 반복적인 주의를 주는 행위다. 그 한 가지 일은 당
신이 살아 있는 그 순간을 의미한다. 그 순간을 허용하는, 다시 말하
면…… 마음챙김은 따라서 기꺼이 그 순간에 살아 있으려는 연습이
며, 순간의 전체 과정을 철저히 수용하는 것이다(p. 229).

Linehan(1993)은 마음챙김의 '대상'과 '방법'을 구분하였다. 그
리고 우리는 이 구분이 유용하다는 것을 알게 되었다. '무엇을
마음챙김할 것인지'에 대해, Linehan(1993, p. 111)은 관찰, 또는
주의 집중하여 무언가 인지할 때 그 과정을 중시했다. 즉, 그 경
험의 진행 과정을 알아차리는 동안 그 과정에 사로잡혀서는 안
된다고 강조했다. 현재의 순간에서 일어나는 경험이라면, 마음
챙김의 대상은 자유롭게 달라질 수 있다. 예를 들어, 간단한 마
음챙김 훈련은 가슴이 오르락내리락 하고, 몸에서 들어오고 나
가는 공기의 느낌과 온기에 집중하면서 자신의 호흡에 주의를
집중하는 것으로 구성된다. 어떤 사람은 자신의 생각에 마음챙
김할 수 있는데, 생각이 들어오고 나가는 것을 관찰하고, 어떤

생각으로 갑자기 이끌어져서 완전히 빠져 버리는 것을 알아차리고, 잠시 동안 마음챙김 관찰을 상실하는(즉, 사고의 내용에 빠져 버리는) 과정을 경험할 수 있다.

마음챙김은 감각적인 모든 경험에 집중할 수 있다. 예를 들면, 어떤 사람은 청각적 감각에 집중해서 주위 환경에 전부터 존재했던 에어컨의 윙윙거리는 소리, 멀리서 들리는 교통 소음, 그리고 누군가 숨 쉬는 소리 같은 미묘한 소리를 알아차릴 수 있게 된다. 비슷하게, 어떤 사람은 다중 감각 경험에 대해 마음챙김할 수 있는데, 예를 들어 초콜릿 칩 쿠키를 먹는 전체적인 경험, 즉 맛과 식감 그리고 시간이 지나면서 어떻게 바뀌는지에 마음챙김 경험을 할 수 있다.

마음챙김하는 방법에 관하여, Linehan(1993)은 마음챙김은 비판단적이어야 함을 강조했다. 아무리 잠재적으로 혐오적일지라도, 모든 경험은 판단하지 않는 가운데 마음챙김으로 접근할 수 있다. 암 환자는 종양의 고통에 관하여 마음챙김을 연습할 수 있다. 사지를 절단한 사람은 절단된 팔다리가 아직 그 자리에 있는 것처럼 느끼는 증상의 고통에 마음챙김할 수 있다. 공황장애 환자는 급속하게 뛰는 심장 박동에 마음챙김할 수 있다. 범불안장애가 있는 사람은 마음속 가득 찬 개인 특유의 걱정거리의 지속적인 흐름에 마음챙김할 수 있다. 불타는 빌딩에 들어선 소방관과 전투지 근처로 접근한 군인은 공포의 경험에 마음챙김할 수 있다. 이러한 마음챙김은 행동적 기술이며, 여느 행동처럼 연습이 필요하다. 승려는 우리 대부분이 도달할 수 없는 마음챙김 상태에 도달하기 위해 수년간 연습을 하는데, 베트남전쟁 기간 중 유명했던 몸을 불태우는 시위 같은 끔찍한 경험을 비판단적으로 수용하는 극단적인 경험도 허용한다.

행동활성화치료의 목적에서 보면, 마음챙김은 활성화를 제한하는 우울증 반추 같은 혐오적인 개인적 경험을 경험할 때 주의를 집중하거나 현재 순간에 대한 의식을 지속하는 방식 등의 간단한 과제 형태로 사용될 수 있다. 많은 내담자를 위해, 부가적인 개입이 필요할 수 있다. 시작하는 단계로서, 우리는 Dimidjian과 Linehan(2003)의 간략한 안내 지침을 추천한다. 그 안내 지침에는 교훈적인 가르침, 회기 내 연습, 교정적 피드백이 포함되어 있다. 그러나 우리는 수용전념치료와 변증법적 행동치료의 더 복잡한 마음챙김 절차가 행동활성화치료와 합치되는 것으로 생각한다. 이러한 절차는 마음챙김을 증진하고 다듬어 가는 다수의 기발한 회기 내 그리고 회기 외 연습을 제공한다. 복잡하거나 치료가 어려운 환자를 위해 사용할 목적으로, 치료자가 더 고급 과정의 기법을 배우길 권유한다.

일반적으로 말하자면, 행동활성화치료자에게 중요한 점은 내담자가 회피를 불러일으키는 자신의 사고, 감정, 그리고 신체적 감각에 반응하는 방법을 바꾸는 것을 목표로 한다는 점이다. 이러한 자극에 마음챙김 태도로 주의를 기울임으로써, 회피를 불러일으키는 자극의 속성이 실제로 약화될 수 있고, 발생하는 행동에 대한 접근법을 전환하는 것이 가능하게 될 수 있다. 이러한 역설(개인적 경험에 대한 마음챙김 수용이 개인적 경험의 두드러진 특성을 줄여 줌)은 실제로 상당한 경험적 지지 증거를 보여 줄 수 있었다(Cioffi & Holloway, 1993; Masedo & Esteve, 2007; Wegner & Zanakos, 1994).

가치를 마음챙김 활성화에 통합하기

가치란 행동활성화치료의 행동 위계를 만드는 데 기본이 되기도 하지만, 마음챙김 경험 접근에서도 부가적인 역할을 한다. 다시 한 번 Jim을 고려해 보자. Jim은 원하는 결과를 얻기 위해서는 몇 달이 걸린다는 사실에도 불구하고, 직장을 구하는 혐오적인 일에 계속 접근해야 하는 과제에 직면해 있다. 직업 분류 항목을 검토할 때 자연적으로 발생하는 부정적인 사고와 불안감을 마음챙김으로 경험하도록 Jim과 작업하는 것에 더해서, Jim의 치료자는 그의 가치 평가를 재논의하고, 그가 의미 있는 직장을 갖는 것이 얼마나 높게 가치화되어 있는지에 대해 함께 논의할 것을 제안한다. Jim과 치료자가 지속적이고 즉각적인 혐오적 결과물에도 불구하고 행동을 계속 유지할 수 있을만큼 Jim의 가치가 어떻게 충분히 중요해질 수 있을까?

과체중이고 만성적인 요통을 가진, 우울증에 걸린 중년 남자 Vic을 고려해 보자. 그의 의사는 그에게 체중을 줄이고 운동을 많이 할 필요가 있다고 말했다. 그리고 만일 그가 그렇게 한다면, 시간이 흐른 후 그의 요통은 줄어들 것이다. 기간은 정해지지만 매우 장기적이다. 그의 요통에 의미 있는 개선이 생기려면 장기간의 노력이 요구된다. 게다가 칼로리 섭취를 줄이고 운동을 늘리려는 시도에 대한 즉각적인 결과물(배고픔 증가, 고통, 근육통)은 상당히 혐오적이다. 따라서 강한 정도로 비활성화를 선호하게 된다.

일단 Jim과 Vic이 그들의 가치를 인식하게 되면, 행동을 활성화시키고 유지하기 위해 가치를 통합하는 것은 자극통제의 문제가 된다. 구체적으로 말하자면, Jim과 Vic이 그들의 환경에서 가치 주도의 행동을 자극하기 위해서는 구체적인 단서가 필요하다. 예를 들어, '무엇이 중요한지 기억하라.'고 적힌 욕실 거울 위 노트, 지갑 안의 아이나 손자의 사진, 또는 개인적이고 의미 있는 알림 역할을 수행한다고 여겨지는 다른 어떤 것이 될 수 있다. 몇몇 내담자에 따르면, 오늘 하루를 떠올려 보고 가치에 집중하는 기회를 제공해 주는 산책처럼 아침에 보내는 개인적인 시간은 계획을 세우는 데 도움이 된다. 그 목표는 Jim과 Vic이 그날이 혐오적일 수 있음을 충분히 잘 알고도, 매일 아침 일어나 가치화된 행동을 다시 행하도록 하는 것이다. 매일 하루를 종료하면서, Jim과 Vic이 그들의 나날에 대해 본질적으로 되돌아보고 그들 자신에게 다음과 같이 되뇔 수 있기를 원한다. "내 문제는 아직 남아 있다. 그러나 오늘은 좋은 날이었어." 다음 날 아침, 그들이 같은 일을 반복해서 다시 할 것을 기대한다.

치료 관계에서의 마음챙김 가치 활성화

경험적 회피를 불러일으키는 자극은 내담자의 개인적인 경험이기 때문에, 내담자는 잠재적으로 이러한 자극을 치료실 장면으로 가지고 온다. 앞서 언급되었던 것처럼, 마음챙김은 단순히 지시하기보다는 실제 연습과 피드백을 통해 더욱 빠르게 형성시킬 수 있는 기술이기 때문에 이러한 사실은 매우 중요하다. 따라서 치료 시간 동안 내담자의 경험적 회피에 대해 치료자가 관찰하는 것은 마음챙김 가치 활성화를 실시할 수 있는 중요한 기회를 제시해준다(Tsai et al., 2008). 경험적 회피와 관련된 문제를 가진 내담자에게 있어서 목표는, 그들이 회피하기 원하는 그 경험을 마음챙김으로 접촉하는 것이다. 이는 공황장애에 대한 치료적 개입으로서 내부감각 수용의 노출과 유사하다(Barlow, 2002). 그러나 내부감각 수용의 노출이 공황 감각을 줄이기 위해 고안되었다면 회기 중 마음챙김은 가치 활성화를 **촉진**하기 위해 고안되었다는 점이 다르다.

"지금 현재 무슨 기분을 느끼나요?"라는 질문이 회기 내 작업을 시작하는 계기로서 충분할 것이다. 자기가 경험하고 있는 원치 않는 감정에 반응하는 내담자 또는 경험하지 않으려고 애쓰는 원치 않는 감정에 반응하는 내담자의 경우, 마음챙김의 치료적 개입은 아마도 다음과 같다.

저는 당신이 지금 당신의 감정과 한바탕 싸움을 벌이고 있다는 사실을 알고 있습니다. 그것들과 싸우는 대신 부드럽게 그 경험으로 들어가 보기를 조언합니다. 무엇이든 판단을 내리지 말고, 그저 당신이 느끼는 것을 제게 말해 주세요. 그것을 어디로 느끼고 있나요? 당신의 가슴속에서 느끼나요? 당신의 눈 밑에서 느끼나요? 당신의 어깨 부분에서 느끼고 있나요? 만일 당신이 할 수만 있다면, 그 경험에 한참 머물러 보고, 그 감정을 마음챙김 태도로 느껴 보기 바랍니다. 나는 여기 있습니다. 그리고 나는 당신이 경험하는 어떤 것이라도 받아들이겠습니다.

행동활성화치료자는 또한 내담자가 회기 내에서 어떤 감정 경험을 느끼지 않으려고 집중하는 것이 치료 회기와 치료 관계에 어떻게 영향을 주는지 살펴보기를 원한다. 느끼지 않으려고 노력하는 것이 그들 사이의 거리를 멀어지게 만들고, 치료자가 내담자를 이해하는 것을 어렵게 만든다는 것을 강조해야 한다. 그에 반해서, 만일 내담자가 원치 않는 감정에 대해서 마음챙김 태도로 인식하고 표현하는 것에 성공적으로 이를 수 있다면, 이러한 접촉이 치료 시간을 향상시키고, 치료 시간을 더욱 의미 있게 만들며 치료자가 내담자와 더욱 가까워졌다고 느낄 수 있게 만든다는 내용의 피드백을 제공해 줄 수 있다(물론 이 모든 것은 솔직하게 치료자들에 의해 경험되어야만 함). 최종적인 목표는, 내담자가 마음챙김 태도로 경험하는 것을 연습하고 가치화된 행동에 집중할 수 있는 치료 시간을 만드는 것이다. 이것은 다른 가치화된 관계를 위한 훈련장처럼, 치료 시간과 치료 관계를 최대한 활용하는 것이다.

26

치료를 종결하기

행동활성화치료는 종결에 대해 분명한 태도를 보인다. 구체적으로 말하자면, 행동활성화치료의 관점에서 치료와 치료적 관계는 치료의 시작 이래 변화해 왔던 내담자의 환경과 관련된 특징을 지닌다. 그리고 이러한 지지적 관계는 치료가 종결될 때 필연적으로 종료될 것이다. 행동활성화치료에서의 종결의 성격과 시기 그리고 재발 방지 측정은, 치료가 비영구적이고 인위적인 환경적 특성을 보인다는 점을 반영해야 한다.

치료에 참여하는 방식과 치료적 관계에 관여하는 방식이 우울하지 않은 행동을 강화할 수 있음을 쉽게 이해할 수 있다. 치료자는 전반적인 치료 과정에서 우울행동에 대한 부정적인 결과물(예: 회기 결석 시 금전적 벌금물기, 무기력한 행동을 보이면 치료자가 실망함)과 우울하지 않은 행동에 대한 정적 강화(예: 치료자의 격려하는 언급, "감정이 전달됩니다."라고 치료자가 말하기)를 제공한다. 더군다나 특히 매우 고립되고 무기력한 내담자로서는, 치료

상황 자체가 우울하지 않은 행동(예: 옷을 차려입기, 집에서 나오기, 대화를 나누기, 그리고 활성화 과제에 관여하기)에 대한 뚜렷한 알림을 제공해 준다. 내담자가 치료자를 만족하게 해 주기 위해 극도의 노력을 보일 수 있으며, 따라서 병리와 관련된 결과물을 제공해 줄 수 있는 치료자의 역할을 고려하는 것이 중요하다.

　행동활성화치료가 우울하지 않은 새로운 행동을 활성화하는 목적을 달성했을지라도, 이러한 행동이 외부 환경 속에서 자연적 강화 때문에 유지되지 않을 수 있으며, 여전히 치료와 관련된 수반성의 통제하에 있을 수 있다. 따라서 치료와 관련된 강화물로 인해 발생한 우울하지 않은 행동의 통제를 내담자의 일상생활에서 가능한 자연적인 강화물로 옮겨 놓는 과정은 종결이 다가옴에 따라 행동활성화치료의 중점 사항이 되어야 한다. 행동활성화치료에서 시행되고 있는 최우선적 전략은, 강제적인 주 단위 회기에서 치료 없는 일정으로 서서히 바꾸는 방식으로 회기 간 시간을 늘리는 것이다. 예를 들어, 치료자는 매주 회기 일정에서 격주 간 회기로, 격주 간 전화 회기로, 그리고 비정기적 전화 점검으로 바꿀 수 있다.

　행동활성화치료에서 맥락을 고려하는 관점의 다른 함의는, 치료의 종료 시점에서는 내담자가 살아가고 있는 그 환경도 필연적으로 변화할 것이라는 것이다. 결국 삶의 사건은 내담자로부터 정적 강화의 원천을 빼앗아 갈 것이다. 따라서 치료 종료 시 행동활성화치료자는 환경적 변화와 짝을 이루어, 강화 수반성, 부정적인 생활 사건, 그리고 중요한 삶의 변화에서 미래의 변화에 더 효과적으로 대응하는 기술을 공급해 주고자 한다. 이러한 기술은, 행동목록의 개발에 중점을 두는 기술 훈련과는 상당히 다를 것이다. 이러한 기술은 자신의 환경에 대한 인식, 자기평가, 자기활성화에 중점을 둔다.

예를 들어, 내담자는 **활동적으로 지내는 지침**을 제공받을 수 있다. 위스콘신 밀워키 대학에서의 우리의 작업에서, 이러한 지침은 다음 목록을 포함한다.

- 내담자가 우울증에 걸리거나 다시 무기력해졌는지 여부를 스스로 알아차리는 방법(가능한 한 빨리 자기활성화를 불러일으키기 위해)
- 우울하지 않을 때, 내담자가 즐길 수 있는 행동(단순 활성화 목표를 상기시키기 위해)
- 하고 싶지는 않지만, 내담자의 가치와 일치하는 활동
- 두 번째와 세 번째에 관여하는 장애물, 그리고 그러한 장애물을 극복할 계획
- 내담자가 다루기 어렵지만 예상되는 미래의 사건들(휴일, 기념일, 계절의 변화, 또는 내담자의 배우자가 하거나 하지 않을 구체적 일)

그리고 이러한 사건에 대응할 계획이 목록에 포함된다. 이러한 목록 또는 개별 내담자에 맞추어진 다른 사항은, 종결 전 몇 번의 회기 동안 내담자와 함께 협력적으로 개발될 수 있고, 미래

에 참조할 수 있도록 내담자가 집으로 갖고 갈 수 있다. 지침에는 또한 치료자나 상담실의 전화번호를 포함하며, 치료를 다시 시작하거나 문제가 어려워서 추가 회기를 갖고자 할 때를 위한 초대장을 포함할 수 있다.

지침이 어떻게 사용되는지에 대한 두 가지 간략한 예시를 제시하며 이 장을 마친다. Maria는 그녀의 아이가 학교로 복귀하게 될 9월을 걱정하고 있다. 커지는 외로움과 목적의 상실이 그녀를 우울하게 할 것이라고 생각하기 때문이다. 그녀와 그녀의 치료자는, 그녀가 낮 동안 아이의 학교에 자원봉사를 나가는 것과 같은, 걱정되는 상황을 미리 해결할 수 있는 방안을 강구하는 논의를 했다. 부가해서, 종결하는 시점에 Maria가 참여하는 즐거운 활동은 대부분 아이와 관련되어 있었기에(예: 가족과 같이 모여 노는 날을 정하기, 티 볼 게임 시청하기), 아이와 관련되지 않고도 재미있을 것 같은 행동목록이 만들어졌다(예: 친구와 커피 마시러 가기, 그림 그리는 시간 계획하기).

그의 치료자와 종결을 논의할 때, Jeff는 그의 회사가 머지않아 축소될 것이고 그가 직장을 잃게 되리라는 것을 예상하고 있었다. Jeff와 그의 치료자는 이것을 그의 기분에 영향을 미칠 잠재적인 미래 사건으로서 간주했다. Jeff는 그의 지침서에, 그가 즉시 적극적인 구직 활동에 참가할 것을 기록했으며, 그와 그의 치료자는 자기활성화를 도와줄 적극적인 구직 활동 행동목록을 만들었다(예: 그의 이력서를 갱신하기, 직업 분류표를 점검하기). 이러한 행동에 대한 잠재적인 장애물(예: "구직 활동은 내가 이전 직장을 잃게 된 것이 얼마나 불공정한지에 대한 생각을 불러일으킬 것이다.")이 논의되었고 문제는 해결되었다. 덧붙여서, Jeff와 그의 치료자는 만일 Jeff가 그의 직장을 잃는다면 그대로 활성화를 지원하기 위해 구직 활동이 가능한 장소 목록을 협력적으로 작성했다. 만일 그가 TV를 더 많이 보기 시작하고 식사를 차리는 것을 그만둔다면, Jeff가 다시 우울해진 것을 알 수 있다는 점이 구체적으로 기록되었다. Jeff는 만일 그가 다시 우울해졌음을 깨닫고, 자기활성화의 시도가 실패하게 되면, 그의 치료자와 통화하는 것에 동의함을 지침서에 기록했다.

27

자살과 약물치료에 대해 기능적으로 사고하기

행동활성화치료에서 자살 문제 관리하기

행동활성화치료와 부합하는 자살 평가 지침과 개입은 몇몇 다른 곳에서도 발견할 수 있다(Bongar, 2002; Linehan, 1993). 일반적으로 자살 평가와 개입에서는 위기 상황에 대해 매우 적극적이고, 문제 중심적이며, 구체적인 분석이 필요하다. 따라서 치료자에게 무엇이 필요한지 집중하는 데 행동활성화치료의 기본 토대가 도움이 될 것이다. Martell 등의 논의(2001)에 따르면, 자살행동은 문제행동이고, 그 목표는 대안행동을 활성화하는 것이다. 이 책에서 논의된 것처럼, 치료자가 자살행동을 다루는 기준과 일치하는 방식으로 사용하기만 한다면, 표준적인 활성화 절차를 적용할 수 있다(Bongar, 2002).

Linehan(1993)이 논의한 것처럼, 우리는 치료자가 입원시킬지 말지에 대한 결정을 고민할 때 기능적으로 생각할 것을 권장한다. 4장에서 논의되었던 것처럼, 자살 위기에서의 반응적 그리고 조작적 기능이 고려되어야 한다. 과거 자살 위기가 없었지만 급성으로 자살 충동을 갖는 내담자의 경우는, 어떻게 문제를 풀어야 하는지를 알지 못한 채 혐오적인 반응행동에 압도당해서 자살 위기로 치닫게 된다. 이런 사례에서는, 내담자가 자신의 감정을 재조절하고 해결 방안을 개발하는 시간을 가질 수 있는 일시적인 입원이 바람직하다.

반복적으로 입원을 해 왔던, 만성적인 자살 충동을 가진 내담자에게 추가적인 입원은 조작적 기능을 제공한다. 그리고 자살행동은 책임에서 벗어날 수 있고, 동정심과 걱정 등이 늘어날 수 있으므로 입원시키는 결과물에 의해 부분적으로 유지될 수 있다. 이러한 내담자의 경우, 입원시키지 않는 것으로 인한 위험성을 계산하고, 그 행동을 회피로 개념화하며, 회피 활성화 절차를 시행하는 것이 임상적으로 권유된다. 이러한 내담자의 경우, 치료자는 만성적 수준의 자살사고를 참아내는 것을 반드시 배워야 한다. 우리는 그러한 내담자를 위해 변증법적 행동치료 절차를 추천한다(Linehan, 1993).

약물치료와 행동활성화치료

약물치료가 우울증 치료에 도움이 된다는 연구 결과는 분명하다. 약물치료와 실증적으로 지지되는 우울증 심리치료 요법의 혼용이, 차도를 보인 환자의 총 수 면에서 최적의 결과를 생산해 낸다는 것이 점점 더 명백해지고 있다(Hollon et al., 2005). 동시에, 항우울증제 약물치료가 과잉 처방되었고, 우울증의 많은 사

례가 항우울증제 약물치료 없이 행동활성화치료 때문에 성공적
으로 처치될 수 있다는 것도 명백하다.

　그렇다면 질문은 다음과 같다. 행동활성화치료를 받는 내담자
에게 언제 약물치료를 권하고, 행동활성화치료 과정을 시작했
지만 이미 약물치료 중인 내담자에게는 무엇을 해야 하는가? 언
제나 그렇듯이, 우리는 치료자가 기능적으로 생각할 것을 권장
한다. 첫째, 약물이 효과가 있을 때, 약물은 실제로 심리치료보
다 평균적으로 효과가 더 빠르다. 따라서 내담자가 활성화 과정
으로 넘어가기 위해서는 약물치료를 치료 초기에 사용하는 것이
유용할 것이다. Martell 등(2001), Leventhal과 Martell(2006)이 논
의한 것처럼, 이러한 내담자를 위해서 치료자는 약물치료가 활
성화와 문제 해결 과정에 도움이 될 수 있는 치료적 근거를 제공
해 주어야 한다. 물론 약물치료가 뇌에 영향을 줄 수 있지만, 치
료의 초점은 활성화시키고 내담자의 삶을 증진시키는 데 있고,
활성화가 영향을 미치기 전에 약물치료가 효과를 보이는 것을
기다려서는 안 된다고 치료자로서 말해 줄 수 있다.

　내담자가 진전을 보임에 따라, 치료자가 긍정적 변화에 대한
원인을 내담자의 힘겨운 노력에 두고, 약물치료로 귀인하지 않
는 것은 중요하다. 결국, 활성화가 효과를 지속함에 따라, 치료
자는 내담자가 약물치료사를 만나서 시간이 흐르면 약물치료
를 철회할 것을 독려해야 한다. 전형적인 약물치료사는 이렇게
하는 것을 주저할 것이므로, 치료자는 이 사안에 대해서 약물치
료사에게 직접 언급하는 것을 선택할 수 있다. 우리는 치료자가

Hollon 등(2005)이 그 사안에 대해서 간결하게 요약한 자료를 가지고 스스로 믿음을 갖도록 권고한다.

둘째, 많은 내담자가 약물을 복용함으로써 빠르고 즉각적으로 혐오적인 증상을 줄일 수 있다는 분명한 목적이 있다는 점에서, 약물 복용은 경험적 회피행동으로서 기능한다(경험적 회피로서 약물을 남용하는 것에 대한 논의는 Hayes 등, 1996을 보라). 약물을 복용하기는 비교적 쉽고, 힘든 노력을 요구하지 않는다. 이런 내담자에게 약물 복용은 활성화를 가로막는다는 점에서 행동활성화치료와 상극이다. 이러한 내담자는 약물을 중단하는 것 혹은 줄이는 것을 매우 두려워한다. 그리고 이러한 내담자에게 그렇게 하도록 설득하는 것은 우리의 경험상 대개 성공적이지 않다. 대신에, 치료자는 내담자가 회피의 유형으로서 약물 복용을 하는 것을 인식하도록 도와줄 수 있는 자연스러운 기회를 찾으면서, 구체적인 약물 문제를 가능한 한 무시하고 경험적 회피에 집중함으로써 이득을 얻을 수 있을 것이다.

마지막으로, 약물에 반대하는 행동활성화치료자의 기능적인 입장 때문에, 행동활성화치료 대신 약물이 치료 효과를 보일 수 있는 상황에서 내담자를 약물치료사에게 의뢰하는 것을 미리 배제해서는 안 된다. 연구 결과가 누적되고, 제약 산업의 문제 많은 공격적인 마케팅 활동이 점차 드러나게 되면서(Angell, 2004; Valenstein, 1988), 우리는 치료 기준의 확립을 통해서 우울증 치료에 대한 행동적 접근의 가치와 항우울제 사용과 관련된 문제점을 더 정확하게 제시해 주기를 희망한다. 그리고 우리는 행동

활성화치료자 스스로가 믿음을 갖기를 독려하고, 공공 정책의
변화를 위해 힘써 주기를 바란다. 반면에 현재 우리의 치료 수준
에서 작업하는 것은, 자신의 이론적인 또는 개인적인 관점에 구
애받지 말고 윤리를 실천하는 치료자가 되는 것이 요구된다.

28

행동활성화치료에서의 치료 관계

행동활성화치료에서 가장 중요한 행동적 과정은 강화다. 행동활성화치료는, 통제된 설정하에서 행동을 변화시키기 위해 강화를 사용해 온 성공적인 행동치료 가운데 하나로서 자리매김을 확실히 하고 있다. 일반적으로 이러한 과정을 살펴보면, 목표된 변수가 실제 발생할 때 이를 인식하고, 목표된 변수가 발생하는 과정에서 강화 수반성 원리를 적용하는 식으로 이루어진다. 이렇게 적용되는 개입방법의 기본적인 원리를 따르고, 치료자가 이러한 수반성을 직접 접근해서 조작할 수 있다면, 치료가 더 효율적이고 효과적일 수 있다는 것이다.

행동활성화치료가 내담자의 환경 내 강화에 초점을 두고 있음에도 불구하고, 치료실에서 치료자가 사용하는 많은 기법이 그렇게 이루어지지는 못한다. 대신에, 전형적인 행동활성화치료 회기는 내담자의 외부 생활에 대한 대화로 구성되고, 내담자가 어떻게 회기 밖에서 자신의 행동을 바꿀 수 있는지에 대한 지시, 지침, 조언이 치료자에 의해 제공되고 있을 뿐이다. 물론 행동활성화치료자는 타당화와 공감을 제공해 주고, 보살핌과 염려를 표현하고, 인내심과 이해를 보여 준다. 그리고 이러한 반응은 치료 장면에 오는 그 행동을 강화함으로써 보일 수 있다. 이러한 구체화하지 않은 치료자의 강화 반응은 일반적으로 용이하게 보이지만, 행동활성화치료의 행동 메커니즘과는 별개다.

반드시 그러할 필요는 없지만, 우리가 다른 곳에서 상세히 논의해 왔던 것처럼(Busch, Manos, Rusch, Bowe, & Kanter, in press; Kanter, Manos, Busch, & Rusch, 2008), 그리고 이 책의 곳곳에서 언급했듯이, 많은 행동활성화치료 절차가 회기 내 치료 과정에서 생생하게 실행할 수 있고, 강화 절차를 포함할 수 있다. 따라서 행동활성화치료자는 기능분석치료(이 치료법은 행동활성화치료처럼 치료법을 확장하려는 의도로 개발됨)의 기법을 적용함으로써, 회기 중의 내담자 행동에 직접적으로 행동적 이론을 적용할 수 있다. 우리는 초반 장의 자료를 보충하기 위해, 이것을 행하는 것에 대한 추가적인 일반 정보를 제공한다.

치료 관계에서 행동활성화치료의 목표를 확인하기

행동활성화치료의 목표는 종종 치료 관계에서 발생한다. 매일의 삶에서 일상을 수립하는 데 문제가 있는 내담자는 종종 출석과 과제 완수에 일관성이 없고, 약속 시간을 변경하고, 회기에 늦게 나타나고, 일정표에 차후 회기 약속 시간을 기재하지 않는다. 회피와 관련된 외부 문제를 보이는 내담자는, 회기 중에 어려운 주제를 회피하거나 혹은 일부 감정을 보이기 시작하다가 그 후 농담을 하거나 주제를 바꾸어 버린다. 수동적인 내담자는 치료자의 모든 제안과 충고에 동의하지만, 실제로는 열정 없이 수행하거나 혹은 끝까지 마치지를 못한다.

행동활성화치료자는 적어도 두 가지 이유로 인해 치료 관계 속에서 발생하는 그러한 문제에 주목해야 한다. 첫째, 치료자가 회기 내에서 행동활성화치료의 목표를 인식하게 되면, 내담자의 행동에 대한 기능적 평가와 관련된 변수에 직접 접촉을 할 수 있기 때문이다. 이것은 외래환자인 내담자의 행동을 직접 관찰할 유일한 기회이고, 주의 깊게 관찰해 보면 내담자의 행동이 회기 외부 장면에서 어떠할지에 대한 가설을 만들어 낼 수 있다. 예를 들어, Bill이 치료자로부터 약간의 부정적인 피드백을 받은 후 (예: 그가 회기에 지각했던 것에 대해 치료자가 불만을 표현함), 입을 다물어 버리거나 매우 수동적으로 임할 것이라는 점을 치료자가 인지했다. 치료자는 다음과 같이 물을 수 있다.

우리는 당신이 아내에게 그랬던 것처럼 당신이 함구해 버리는 원인이 되는 중요한 요소를 알아보기 위해 노력해 왔습니다. 이번 회기에서, 우리가 당신이 회기에 늦은 것을 논의한 후, 당신이 이야기하는 것을 멈춰 버렸다는 것을 제가 인지할 수 있었습니다. 당신이 부정적인 피드백을 받고 나서 함구해 버린 이 상황에서, 당신이 아내와 겪은 비슷한 것이 발생한 것은 아닐까요?

이러한 종류의 질문을 통해 치료자는 Bill을 위해 좀 더 정확한 사례 개념화를 만들어 낼 수도 있다. 즉, Bill의 수동적 회피행동에 대한 선행사건으로서 부정적인 인간관계 결과물이 그 역할을 담당했을 수 있다고 가정할 수 있다.

둘째, 회기 중에 발견되는 문제행동의 인식을 통해, 행동활성화치료의 목적과 긴밀히 연결되는 우울함에 반하는 행동을 과제로 부여할 수 있는 환경이 조성된다. 생생한 문제행동이 발생하게 되면, 내담자에게 단순히 활성화가 미래에 일어날 것이라고 희망적으로 말만 하는 것보다, 바로 그 순간에 자연스럽게 활성화를 알려 주고 활성화를 획득할 수 있는 최적의 기회를 맞이하는 셈이다. 예를 들어, 수동적인 내담자에게 치료 회기에서 통제권을 더 얻을 것을 자극해 줄 수도 있고, 회피적인 내담자에게 어려운 주제에 더 오래 머무를 것을 자극해 줄 수도 있다. 이런 방식으로, 치료 관계는 대안적인 활성화행동을 연습하고 개발해 볼 수 있는 자연발생적 실험실이 될 수 있다.

예를 들어, Bill을 위한 활성화행동은 다소 기분이 상했더라도 대화를 지속하도록 하는 것이다. 치료자는 다음과 같이 제안할 수 있다.

남은 회기 동안 저는 당신이 저와 하는 대화에 지속적으로 함께해 주시기를 요청합니다. 심지어 당신에게 힘든 감정이 생길 때라도 함께 지속해 주십시오.

일상생활 과제에 대해서도 이와 동일하게 행동활성화치료의 고려사항을 생각해 본다면 도움이 될 것이다. 구체적으로 살펴보면, 과제의 난이도는 등급이 분류되어야 하고, 완수에 방해가 예상되는 것은 논의되어 문제가 해결되어야 한다.

치료 관계에서 행동활성화치료 목표를 강화하기

행동활성화치료의 핵심은, 우울하지 않은 행동을 단지 알려 주는 게 아니라, 반복해서 행동이 강화되고 유지되는 방식으로 자연스러운 환경을 통해 우울하지 않은 행동이 강화되는 것이다. 행동활성화치료의 목표가 회기 중에 발생했을 때, 치료자는 그러한 강화의 공급자 역할을 하게 된다. 치료 관계에서 발생한 행동활성화치료의 목표를 강화하는 비결은, 최상의 강화란 가능한 자연스럽게 강화되는 것임을 알게 해 주는 것이다. 회기 중에 발생하는 강화의 속성은 회기 밖에서 발생하기를 원하는 강화 속성과 유사하기 때문이다. 어떤 치료자는 "잘했어."라고 말하는 것 또는 몇몇 다른 식으로 칭찬하는 방법으로 강화하려고 하는데, 이는 자연스러운 것이 아니고, 그러한 이유로 회기 중 발생한 행동에 대한 반응으로서는 권장되지 않는다.

자연스러운 강화란 무엇인가? 이것은 물론 목표에 따라 달라질 것이다. 적절한 자기주장은 적극적인 요청에 동조해 줌으로써 자연스럽게 강화된다. 이것은 상당히 어려울 수 있다. 예를 들어, 자기주장을 잘 못하는 내담자가 창문을 열어 달라고 부탁해 오면 반응하는 것은 쉬운 일이다. 창문을 열어 주면 된다. 만일 동일한 내담자가 치료 시간을 추가로 좀 더 요구해 온다면 내담자에게 반응하는 것은 상당히 어려운 일이 된다. 일반적으로, 목표는 내담자가 원하는 바를 응해 주는 것에 있지만, 그것은 치유적이고 윤리적인 치료적 관계의 경계 범위 안에서 제한적으로 이루어져야 한다.

종종 치료적 관계에서 보이는 내담자의 문제는 인간관계적 회피의 문제를 포함한다. 이러한 사례에서 회기 중에 취약성이 드러나거나 정서적 폭발이 일어나면, 증가한 친밀성을 보여 주고 치료 관계로 연결해 줌으로써 활성화 목표가 강화될 수 있다. 치료자가 보이는 최상의 강화 반응으로는, 관심 보여 주기, 그 순간에 치료자가 내담자에 대해 어떤 감정을 느끼는지 말해 주기, 비언어적 표현으로 관계적 연결을 보여 주기 등을 포함해서 사적인 반응을 확대해 주는 것이 해당될 수 있다.

다시 Bill을 고려해 보자. 과제가 주어진 이후 Bill은, 치료자가 그를 비난했을 때 그가 어떤 감정을 느꼈는지에 대해 치료자와 진솔하게 논의했다. 그 치료자는 이것을 Bill의 향상된 모습으로 인식했다.

제가 당신에게 좀 더 세심하게 대하지 못했던 것을 진심으로 사과합니다. 저는 또한 당신이 상처받았다는 사실을 당신에게서 직접 들을 수 있었던 것으로부터 큰 도움을 얻었음에 주목해야 합니다. 당신이 나에게 마음을 열었을 때, 당신을 좀 더 잘 이해하는 데 도움이 되었고, 당신을 더욱 인간적으로 보게 되었습니다. 당신이 당신의 아내에게 마음을 연다면 아내가 어떻게 반응하리라 생각합니까?

치료자는 자신이 Bill의 아내와 같은 방식으로 어떻게 행동했
는지를 알려 주고, 회기 중에 Bill이 성공적으로 완수했던 행동을
이제 실제로 옮겨 와서 아내에게 시도해 볼 것을 활성화 과제로
제안해 준다. 행동활성화치료에서 이것이 발생할 때, 치료 관계
는 인간관계적인 중요한 변화를 위한 수단이 될 것이며, 그러한
변화는 치료 관계에 대해 주목하는 과정 없이는 이루기 어려운
변화다. 그리고 행동활성화치료에서 가능한 제한 범위는 상당한
수준으로 확장될 수 있다.

언제 치료적 관계에 집중할 것인가

여기에서 논의되었던 것처럼 치료 관계에 집중하는 것은, 많
은 내담자에게 행동활성화치료를 더 효과적이고 더욱 의미 있
게 만들어 줄 것이다. 이는 특히 우울증과 성격장애를 함께 보이
는 내담자와 우울 증상이 인간관계적인 문제로 특징지어지는 내
담자에게 더욱 유용할 것이다. 또한 우울함이 부부간 문제의 맥
락 속에서 발생할 때 도움이 될 수 있고, 부부 중에 우울하지 않
은 배우자가 치료 장면에 참여할 수 없거나 참여하지 않으려 할
때 특별히 더욱 유용할 수 있다. 여기서 논의된 행동활성화치료
에서의 치료 관계 유용성이 이론적으로 일관성이 있고, 연구 결
과들에 따르면 기능분석치료 기법이 인지치료를 향상할 수 있다
고 주장(Kohlenberg, Kanter, Bolling, Parker, & Tsai, 2002)하고 있

음에도 불구하고, 향후 연구에서 기능분석치료와 행동활성화치료를 통합하는 것을 지지하는 경험적 자료가 필수적으로 요구되는 것이 사실이다.

29

유연한 체계: 소수자를 위한 적용

우울증의 맥락적 결정 요인에 대해서 강조하고 있는 행동활성화치료는, 외관상 환경적 어려움에 압도되어 우울증이 일어나는 인종적 소수자에게 특별히 잘 적용할 수 있다. 예를 들어, 저임금의 인종적 소수자가 경험할 수 있는 우울과 관련된 다음의 문제 목록을 살펴보자.

- 직장을 얻고, 유지하고, 승진하는 데 어려움, 또는 밀린 청구서를 내거나 가난에서 벗어나는 것이 불가능한 낮은 임금을 받는 것과 관련된 어려움
- 비만, 부상으로 인한 신체적 고통, 그리고 만성적인 건강 상태를 포함하는 건강 문제
- 경제적인 고통 속에서 살 때 전형적으로 증가하는 매일매일의 번거로움(예: 대중교통 이용, 차량 정비, 취업 시 양질의 보육소 찾기, 보험의 결여 등)

- 영어를 잘하지 못함으로써 겪는 문제(예: 계약서나 청구서를 충분히 이해하지 못하는 문제, 사업상 또는 공공 기관과의 협상에서의 어려움 등)
- 인종주의와 차별에 대한 직간접적인 경험

이러한 어려운 점에 맞서서 인내하고, 행동하며, 더욱 주도적으로 할 것을 강조하는 행동활성화치료 기법은 인종적 소수자에게 더욱 적합할 뿐 아니라, 궁극적으로는 우울의 문제를 개인에게 국한하는 기법(예: 인지적 또는 생물학적 요소)보다 더욱 효과적이다. 그러나 행동활성화치료의 문화적 민감성을 증가시키기 위한 변형 과정이 필요하다. 우리는 여기에서 행동활성화치료가 미국 내의 라틴계와 아프리카계 미국인에게 적용될 수 있는 이유와 방법에 대해 분명히 알려줄 수 있으며, 이러한 사안은 다른 인종적 소수자 그리고 다른 나라의 소수자에게도 동등하게 적용될 수 있다.

라틴계 우울증 내담자

최근에 Santiago-Rivera와 동료들(인쇄 중)은 라틴계 우울증 내담자를 대상으로, 문화와 언어 측면에서 수정된 행동활성화치료를 제시했다. 주로 행동활성화치료에 대한 Martell과 동료들의 버전(2001)을 수정하였다. 첫째, 무료, 저비용 그리고 문화적으로 세심한 정적 강화의 원천을 강조한다. 예를 들어, 다음과 같은 단순 활성화 과제가 포함된다.

- 춤추기
- 걷기(야외에서의 산책 또는 겨울에는 쇼핑몰에서의 걷기)
- 지역 센터 활동과 그룹 모임(예: 긴장 완화와 스트레스 관리를 위한 그룹 모임)
- 도서관에서 건강 관련 DVD 빌려 보기
- 박물관 방문하기(박물관은 종종 주중 한 번 무료 관람이 가능함)
- 계절에 따른 무료 음악회 참석하기(공원 또는 쇼핑몰에서 열림)
- 친구 집 방문하기
- 교회에 가기, 그리고 다양한 교회 활동과 행사 참여하기
- 자신이 살고 있는 나라로 가족 초청하기(공짜는 아니지만, 내담자는 그들의 초청 계획이 훌륭하고 비용도 매우 비싸지 않음을 확인하는 것이 활성화될 수 있음)
- 아이들과 놀아 주기
- 정원 일 하기
- 음악 듣기
- 쇼핑몰 돌아보기
- 요리하기
- 청소하기
- 뜨개질하기

둘째, 첫 회기에서의 수정은 치료를 지속할 가능성을 높이기 위해 도입된다. 왜냐하면 문화적 적응은 종종 그 자체로서 중요한 요인이 되며, 많은 라틴계 내담자가 심리치료 절차와 관련된

지식이 부족할 수 있고, 강한 문화적 유대를 가지며, 인종적 근원과 관련된 가치를 유지하고 있기 때문이다. 따라서 첫 회기에는 심리치료 과정에 대해서 비교적 구조화되고 문화적으로 세심한 검토를 진행하는 것이 포함되고, 더불어 행동활성화치료의 특징적인 것이 포함된다. 첫 회기는 또한 치료 근거에 대한 제시, 약물치료에 대한 논의, 치료에 관여하는 것이 가능한 가족에 대한 논의, 초기 활성화 과제의 제시가 포함된다.

결국 라틴계 특유의 가치와 믿음 또한 평가에 중요하고 치료에 통합된다. 가족주의(자신의 가족과의 밀접한 연계와 관계 유지에 가치를 부여함), 개성주의(일반적인 인간 관계와 그 관계에서의 개인적 측면에 대한 민감성에 가치를 부여함), 성모마리아 숭배주의(여성은 자신의 가족과 자녀에 자기희생적이어야 하며, 순수하고, 지고지순하며, 양육적이고, 경건해야만 함), 남자다움 선호(남성은 자신의 가족을 부양하고, 보호하고 방어해 주며, 이러한 의무를 짐으로써 영예롭고 존경받아야 함; Santiago-Rivera, Arredondo, & Gallardo-Cooper, 2002) 등이 이에 해당한다. 이러한 가치는 가족을 중요하게 여기고, 남편과 아버지에게 권한이 부여되어 가족 내 특별한 위계 구조를 유지하는 것에 중심을 두는 경향이 있다는 사실에 주목해야 한다. 간단히 말하자면, 행동활성화치료의 중요 사안으로 여겨져야 할 것은, 우울증이 이러한 가치의 맥락 안에서 이해되어야 한다는 것이며, 활성화 과제는 그러한 가치에 세심해야 하고 상반되어서는 안 된다는 것이다(그렇게 하지 않는 것이 내담자의 목표와 긴밀히 연결됨).

아프리카계 미국인 우울증 내담자

라틴계 내담자와 유사하게, 우울증을 앓는 아프리카계 미국인은 맥락상의 중요한 위험 요인을 갖고 있다. 이러한 맥락상의 위험 요인으로는 낮은 사회경제적인 지위(Riolo et al., 2005), 사회적 지지의 감소(Kimbrough, Molock, & Walton, 1996; Lincoln, Chatters, & Taylor, 2005), 나쁜 건강 상태(Jonas & Mussolino, 2000; Miller et al., 2004), 인종차별 경험(Clark, Anderson, Clark, & Williams, 1999; Fernando, 1984) 등이 포함된다. 아프리카계 미국인을 위한 행동활성화치료를 수정하면서 수정사항은 더 적었지만, 행동활성화치료가 활성화와 권한 부여에서 구조화되어 있고, 맥락상의 위험 요소를 직접 목표로 삼고 있으므로 아프리카계 미국인에게도 매우 적합할 수 있다.

게다가 행동활성화치료는 우울증을 앓는 아프리카계 미국인만의 독특한 임상적인 특징에 적합할 수 있다. 구체적으로 말해서, 백인과 비교했을 때 아프리카계 미국인은 수면 양상과 식습관 양상과 관련된 신체 증상을 많이 표현한다(Brown, Schulberg, & Madonia, 1996). 그리고 그것은 행동활성화치료에 의해서 직접적인 목표가 될 수 있다. 덧붙여, 종교적 신념은 다수의 아프리카계 미국인에게 매우 중요하며, 우울증의 정도는 행동과 관련된 신앙심에서의 감소와 일치할 수 있다. 따라서 활성화 과제는 교회에 다시 참여하도록 격려하는 것이나 목사 및 다른 종교 지도자와 논의하는 것에 의해 직접적으로 신앙행동을 목표로 할 수도 있다.

사실 많은 아프리카계 미국인은 정신건강 문제에 대한 도움을 구하기 위해 정신건강 전문가보다는 교회를 찾는다. 따라서 종교적이고 목가적인 권고와 비교해서 행동활성화치료 전략과 기법이 어떻게 부합되는지를 고려해 보는 것이 중요하다. 목사가 우울증 환자에게 신에게 기원해야 하고 신앙심을 가질 것을 권고하면서 또 다른 권고사항은 일절 제공하지 않는 경우라면, 행동활성화치료는 이러한 지침에 부합되지 않는다. 그러나 목사가 기도와 신앙을 독려하는 것에 더해서, 내담자가 사회적 지원을 찾아보고 가족과의 연계를 시도해 보고 더 활발하게 일에 참여할 것 등을 권고하는 경우라면, 행동활성화치료는 상당히 부합될 수 있다. 목회자의 상담이 행동활성화치료의 전략으로 향상될 수 있는지 살펴보기 위해서, 아프리카계 미국인 종교 단체와 함께 작업하는 것은 탐색해야 할 흥미로운 미래 연구 방안이 될 수 있다.

일반적인 고려사항

인종적 소수자 또는 다른 소수자와 활성화 작업을 진행할 때 한 가지 어려운 상황에 대해 알고 있는 것은 도움이 될 수 있다. 구체적으로 말하자면, 특정한 활성화가 실제로 실현 가능한지를 결정하려면 세심함이 필요하다는 것이다. 예를 들어, 인종차별주의자인 사장과 같이 일하는 시민권이 없는 라틴계 여성을 고려해 보자. 그녀에게 사장의 인종주의와 맞서게 하는 활성화 과제를 제안하는 것은 매우 해로운 일이다. 특정 개인과 맞서는 것을 원하는 활성화가 실현 가능하지 않다면, 어떤 대안행동이 제안되어야 하는가? 일반적으로, 우리는 내담자가 느낀 분노 경험의 정당성을 강조하고 인정한다. 그리고 특정 개인과 맞서는 것보다는, 권한 부여와 정치적 행동이 일반적인 활성화 전략으로 사용될 수 있다.

우리는 행동활성화치료가 라틴계, 아프리카계 미국인, 다른 인종의 소수자 그리고 성적 소수자에게 광범위하게 적용될 수 있기를 희망한다. 우리는 기본적인 행동활성화치료의 체계가 다른 문화권 사람을 위해 쉽게 수정되어 적용될 수 있음을 믿는다. 그리고 그렇게 적용되기 위해서는 해당 그룹의 사람과 가깝게 협업하고 상의하는 과정을 통해서 문화적으로 세심한 치료법으로 수정될 수 있다고 믿는다. 다른 치료법이 정신 내부적 요소를 강조하는 관점에 비교해서, 우울증의 맥락적 요소에 집중하는 행동활성화치료는 문화 특유의 의미를 많이 포함하고 있지 않기 때문에 다른 문화에 맞게 쉽게 수정되어 적용될 수 있다. 궁극적으로, 행동활성화치료 모델은 문화적으로 특정적인 가정을 거의 포함하고 있지 않고, 활성화 목표를 결정하는 데 개인적인 평가와 가치를 용인하기 때문에, 문화를 아우르는 유용한 모델이 될 수 있다. 포괄적으로 말하자면, 주요한 환경적인 어려움 때문에 높은 비율의 우울증 환자를 가지고 있는 집단에서라면, 행동활성화치료는 설득력 있는 적합성을 제공해 줄 수 있다.

30

행동활성화치료의 장래성

 우리는 행동활성화치료가 간단하고, 실용적인 우울증 치료법으로서 큰 가능성을 보여 준다고 믿는다. 행동활성화치료자는 행동학적 이론에 지나치게 빠져 있을 필요는 없지만, 기능적 맥락이론의 기초와 넓은 의미의 강화와 행동의 정의를 이해하고 있어야 한다. 가장 중요한 것은, 행동활성화치료자가 내담자의 문제를 기능적으로 생각하고 개념화할 필요가 있다는 것이다. 이것을 이해하고 있다면, 우울증의 모델과 치료는 비교적 단순하다. 이 책에서 우리는 이 모델을 명백하게 설명하려고 노력했고, 고급 과정 훈련의 필요성을 최소화하고 행동활성화치료의 능력과 효율성을 극대화하는 간결한 구조 안에 기존의 행동활성화치료 기법을 재편성하려고 노력했다. 행동활성화치료는 단순 활성화와 함께 시작하고, 필요한 경우에만 더 복잡하고 개별화된 기법으로 진행되는 단계적 접근법을 통해 이루어진다. 이런 방식의 접근법은 각각의 내담자를 위한 치료 시간을 간소화

하고, 치료자가 그것을 가장 필요로 하는 내담자에게 치료 시간
과 자원을 할당할 수 있도록 도와준다. 그와 동시에, 치료 기간
에 상관없이, 내담자의 치료 경험이 다채롭고, 초점이 가치, 목
표 그리고 의미에 맞추어져 있으며, 치료적 관계는 친밀하고 열
정적이다.

　요약하자면, 치료법이 단순하므로 행동활성화치료는 훈련받
기 쉽고 널리 전파되기 쉽다. 그리고 치료법이 효율적이기 때문
에, 행동활성화치료는 오늘날의 관리치료 환경 아래에서 특별히
중요해질 수 있다. 이러한 조건하에서, 치료자는 많은 혼란 없이
쉽게 자신의 치료 목록에 행동활성화치료 기법을 추가할 수 있
다. 동시에, 이 모델은 성격장애를 포함하는 더 복잡한 사례를
위해 정교하게 다듬어질 수 있고, 문화적으로 다양한 내담자에
게 비교적 쉽게 적용될 수 있다. 현재 행동활성화치료에 대한 이
러한 접근법은 평가받는 과정임에도 불구하고, 이 책을 통해 언
급해 왔던 것처럼, 행동활성화치료의 기본적 기법은 개별적 기
법과 다양한 결합 기법 모두 신뢰하기에 충분한 경험적 지지 자
료를 갖고 있다.

　전체적으로 말하자면, 행동활성화치료는 개인에게 지속적인
가치 활성화 및 인생의 의미와 목적으로 이끌어 주면서, 건강한
행동을 지지하는 환경으로 변화시킬 힘을 북돋는 일련의 기법을
제공한다. 맥락을 강조하고, 긍정적 맥락으로의 변화에 주목하
는 것은 행동활성화치료만의 유일한 특징은 아니다. 행동활성화
치료는 이러한 관점을 수용마음챙김치료와 같은 몇몇 다른 제3의

경향이라고 불리는 심리치료법과 공유한다. 이러한 점을 염두에 두고, 우리는 행동활성화치료의 모델과 기법이 수용전념치료의 그것처럼 우울증뿐만 아니라 다른 다양한 심리장애에 적용될 수 있을 것이라는 긍정적인 시각을 갖고 있다. 특히 현재와 과거의 맥락이 문제가 있는 행동목록을 만들어 냈고 행동활성화치료의 아웃사이드-인(환경이 개인을 변화시킴) 접근법에 의해 그런 문제가 변화될 수 있는 점에서, 행동활성화치료와 기능적으로 연계된 심리장애의 경우에 더욱 그러하다.

행동활성화치료의 잠재성과 관련된 마지막 초점은, 행동활성화치료는 근본적으로 우울증에 대한 태도를 변화시킬 수 있는 관점을 지니고 있다는 점이다. 행동활성화치료에서는 우울증이 병적 질환이 아니라, 내담자의 삶에 대한 맥락의 관점에서 가장 잘 개념화된다고 주장한다. 간단히 말해서, 우울증에 걸린 것은 내담자의 잘못이 아니라는 것이다. 게으르고 동기가 부족하다거나 또는 스스로 힘으로 자신감을 끌어올리지 못하기 때문에 우울해진 것이 아니다. 내담자는 우울해지기를 원하지도 않으며, 사실은 자신의 환경에 대응해서 이해 가능하고 예측 가능한 방식으로 반응한 것일 뿐이다. 또한 우울한 상태에서 생물학적인 변화가 일어났을 수 있지만, 우울증은 생화학적 불균형의 산물도 아니고, 머리에 무언가 이상이 생기거나 잘못된 유전으로 인해서 그런 것이 아니다. 우울증은 과거 그리고 현재의 환경을 고려했을 때 자연스럽게 이해가 될 수 있다. 이러한 방식에 따라, 많은 사람이 밝히기 싫어하고, 스스로 받아들이고도 싶지 않은 그런 환경적 조건에 대해 행동활성화치료는 절대 책망하지 않으며 추후에는 그 오명을 씻어 주려고 하는 관점을 지니고 있다. 가장 중요한 것은, 그러한 환경적 조건에서는 많은 사람이 치료법을 찾지 않으려고 하지만, 행동적 모델에 대해서는 사람들이 치료를 좀 더 원하는 입장이 될 것이라는 사실이다(Rusch et al., in press). 우울증이 환경적 맥락의 기능에 의해 발생한다고 보는 관점으로 인해 많은 공감을 불러일으킬 수 있다. 그리고 그것은 적극적인 의미의 공감이며, 개개인으로 하여금 그들의 삶을 바꾸는 힘을 북돋고 더 나은 세상, 덜 우울한 환경의 세상을 만드는 힘을 더하는 데 초점을 맞추고 있다. 이것은 행동활성화치료 내담자를 위해서 그러한 만큼 행동활성화치료자를 위해서도 마찬가지다.

이 사회적 메시지는 행동활성화치료에서만 유일한 것이 아니고, 현대적 행동이론으로 발전할 수 있도록 초기 촉매제를 제공해 준 B. F. Skinner의 초기 저서까지 거슬러 올라간다. 시작할 때부터 Skinner의 목표는 건설적이고 긍정적인 사회적 변화와 관련된 것이었다. 그리고 급진적인 행동주의 철학을 발전시킨 그의 공로는, 그러한 변화를 이룰 수 있는 임상적 그리고 과학적인 생산 노력으로 연결되는 과학 철학을 고안하려고 분명하게 시도한 점이다. 행동활성화치료는 이러한 역사와 이러한 사회적 노력의 한 부분이다. 우리는 이 책에서 제공되는 설명, 공통점 그리고 차이점이 작지만 의미 있는 공헌에 이르게 될 것을 희망한다.

227

참고문헌

Addis, M. E., & Carpenter. K. M. (1999). Why, why, why?: Reason-giving and rumination as predictors of response activation and insight-oriented treatment rationales. *Journal of Clinical Psychology, 55*, 881-894.

Angell, M. (2004). *The truth about the drug companies: How they deceive us and what to do about it*. New York: Crown Publishing Group.

Barlow, D. (2002). *Anxiety and its disorders: The nature and treatment of anxiety and panic* (2nd ed.). New York: Guilford Press.

Barlow, D. H., Allen, L. B., & Choate, M. L. (2004). Toward a unified treatment for emotional disorders. *Behavior Therapy, 35*, 205-230.

Beck, A. T., Rush, A. J., Shaw, B. F., & Emery, G. (1979). *Cognitive therapy of depression*. New York: Guilford.

Beck, A. T., Steer, R. A., & Brown, G. K. (1996). *Manual for Beck Depression Inventory-II*. San Antonio, TX: Psychological Corporation.

Bongar, B. (2002). *The suicidal patient: Clinical and legal standards of care* (2nd ed.). Washington, DC: American Psychological Association.

Brown, C., Schulberg, H., & Madonia, M. (1996). Clinical presentations of major depression by African Americans and whites in primary medical care practice. *Journal of Affective Disorders, 41*, 181-191.

Busch, A. M., Kanter, J. W., Landes, S. J., & Kohlenberg, R. J. (2006). Sudden gains and outcome: A broader temporal analysis of cognitive therapy for depression. *Behavior Therapy, 37*, 61-68.

Busch, A. M., Manos, R. C., Rusch, L. C., Bowe, W. M., & Kanter, J. W.

(in press). FAP and behavioral activation. In J. W. Kanter, M. Tsai, & R. J. Kohlenberg (Eds.), *Functional analytic psychotherapy in practice*. New York: Springer.

Cioffi, D., & Holloway, J. (1993). Delayed costs of suppressed pain. *Journal of Personality and Social Psychology, 64*, 274-282.

Clark, R., Anderson, N. B., Clark, V. R., & Williams, D. R. (1999). Racism as a stressor for African Americans. *American Psychologist, 54*, 805-816.

Cuijpers, P., van Straten, A., & Warmerdam, L. (2007). Behavioral activation treatments of depression: A meta-analysis. *Clinical Psychology Review, 27*, 318-326.

Dimidjian, S., Hollon, S. D., Dobson, K. S., Schmaling, K. B., Kohlenberg, R. J., Addis, M. E., et al. (2006). Randomized trial of behavioral activation, cognitive therapy, and antidepressant medication in the acute treatment of adults with major depression. *Journal of Consulting and Clinical Psychology, 74*, 658-670.

Dimidjian, S., & Linehan, M. (2003). Mindfulness practice. In W. O' Donohue, J. E. Fisher, & S. C. Hayes (Eds.), *Cognitive behavior therapy: Applying empirically supported techniques in your practice*. Hoboken, NJ: John Wiley & Sons, Inc.

Dobson, K. S., Hollon, S. D., Dimidjian, S. A., Schmaling, K. B., Kohlenberg, R. J., Rizvi, S., et al. (2004, May). Prevention of relapse. In S. D. Hollon (Chair), *Behavioral activation, cognitive therapy, and antidepressant medication in the treatment of major depression*. Symposium presented at the annual meeting of the American Psychiatric Association, New York, NY.

Ellis, A. (1962). *Reason and emotion in psychotherapy*. Secaucus, NJ: Citadel.

Fernando, S. (1984). Racism as a cause of depression. *The International Journal of Social Psychiatry, 30*, 41-49.

Ferster, C. (1973). A functional analysis of depression. *American Psychologist, 28*, 857-870.

Foa, E., Hembree, E., & Rothbaum, B. (2007). *Prolonged exposure therapy for PTSD: Emotional processing of traumatic experiences:*

Therapist guide. New York: Oxford University Press.

Franklin, M., & Foa, E. (2008). Obsessive-compulsive disorder. In D. H. Barlow (Ed.), *Clinical handbook of psychological disorders: A step-by-step treatment manual* (4th ed.). New York: Guilford Press.

Gaynor, S. T., & Harris, A. (2008). Single-participant assessment of treatment mediators: Strategy description and examples from a behavioral activation intervention for depressed adolescents. *Behavior Modification, 32*, 372-402.

Gifford, E., & Hayes, S. (1999). Functional contextualism: A pragmatic philosophy for behavioral science. In W. O'Donohue & R. Kitchener (Eds.), *Handbook of behaviorism*. San Diego, CA: Academic Press.

Gortner, E. T., Gollan, J. K., Dobson, K. S., & Jacobson, N. S. (1998). Cognitive-behavioral treatment for depression: Relapse prevention. *Journal of Consulting and Clinical Psychology, 66*, 377-384.

Hayes, S. C. (1993). Analytic goals and the varieties of scientific contextualism. In S. C. Hayes, L. J. Hayes, H. W. Reese, & T. R. Sarbin (Eds.), *Varieties of scientific contextualism*. Reno, NV: Context Press.

Hayes, S. C., Barnes-Holmes, D., & Roche, B. (2001). *Relational frame theory: A post-Skinnerian account of human language and cognition*. New York: Kluwer Academic/Plenum Publishers.

Hayes, S. C., & Brownstein, A. (1986). Mentalism, behavior-behavior relations, and a behavior-analytic view of the purposes of science. *Behavior Analyst, 9*, 175-190.

Hayes, S. C., Follette, V., & Linehan, M. (2004). *Mindfulness and acceptance: Expanding the cognitive-behavioral tradition*. New York: Guilford Press.

Hayes, S. C., Hayes, L. J., Reese, H. W., & Sarbin, T. R. (Eds.). (1988). *Varieties of scientific contextualism*. Renov, NV: Context Press.

Hayes, S. C., Luoma, J., Bond, F., Masuda, A., & Lillis, J. (2006). Acceptance and commitment therapy: Model, processes and outcomes. *Behaviour Research and Therapy, 44*, 1-25.

Hayes, S. C., Strosahl, K., & Wilson, K. (1999). *Acceptance and commitment therapy: An experiential approach to behavior change.* New York: Guilford Press.

Hayes, S. C., Wilson, K., Gifford, E., Follette, V., & Strosahl, K. (1996). Experiential avoidance and behavioral disorders: A functional dimensional approach to diagnosis and treatment. *Journal of Consulting and Clinical Psychology, 64*, 1152-1168.

Heidt, J. M., & Marx, B. P. (2003). Self-monitoring as a treatment vehicle. In W. O'Donohue, J. E. Fisher, & S. C. Hayes (Eds.), *Cognitive behavior therapy: Applying empirically supported techniques in your practice.* Hoboken, NJ: John Wiley & Sons, Inc.

Herrnstein, R. J. (1970). On the law of effect. *Journal of the Experimental Analysis of Behavior, 13*, 243-266.

Hollon, S. D., Jarrette, R., Nierenberg, A., Thase, M., Trivedi, M., & Rush, A. (2005). Psychotherapy and medication in the treatment of adult and geriatric depression: Which monotherapy or combined treatment? *Journal of Clinical Psychiatry, 66*, 455-468.

Hopko, D. R., Lejuez, C. W., LePage, J. P., Hopko, S. D., & McNeil, D. W. (2003). A brief behavioral activation treatment for depression. *Behavior Modification, 27*, 458-469.

Hopko, D. R., Lejuez, C. W., Ruggiero, K., & Eifert, G. (2003). Contemporary behavioral activation treatments for depression: Procedures, principles and progress. *Clinical Psychology Review, 23*, 699-717.

Horwitz, A., Wakefield, J. C., & Spitzer, R. L. (2007). *The loss of sadness: How psychiatry transformed normal sorrow into depressive disorder.* New York: Oxford University Press.

Iwata, B., Kahng, S., Wallace, M., & Lindberg, J. (2000). The functional analysis model of behavioral assessment. In J. Austin & J. E. Carr (Eds.), *Handbook of applied behavior analysis.* Reno, NV: Context Press.

Jacobson, N. S., Dobson, K. S., Truax, P. A., Addis, M. E., Koerner, K., Gollan, J. K., et al. (1996). A component analysis of cognitive behavioral treatment for depression. *Journal of Consulting and*

Clinical Psychology, 64, 295-304.

Jacobson, N., & Gortner, E. (2000). Can depression be de-medicalized in the 21st century: Scientific revolutions, counter-revolutions and the magnetic field of normal science. *Behaviour Research and Therapy, 38*, 103-117.

Jakupcak, M., Roberts, L., Martell, C., Mulick, P., Michael, S., Reed, R., et al. (2006). A pilot study of behavioral activation for veterans with posttraumatic stress disorder. *Journal of Traumatic Stress, 19*, 387-391.

Jonas, B., & Mussolino, M. (2000). Symptoms of depression as a prospective risk factor for stroke. *Psychosomatic Medicine, 62*, 463-471.

Kanter, J. W., Baruch, D., & Gaynor, S. (2006). Acceptance and commitment therapy and behavioral activation for the treatment of depression: Description and comparison. *Behavior Analyst, 29*, 161-185.

Kanter, J. W., Busch, A. M., Weeks, C. E., & Landes, S. J. (2008). The nature of clinical depression: Symptoms, syndromes, and behavior analysis. *The Behavior Analyst, 31*, 1-21.

Kanter, J. W., Cautilli, J. D., Busch, A. M., & Baruch, D. E. (2005). Toward a comprehensive functional analysis of depressive behavior: Five environmental factors and a possible sixth and seventh. *The Behavior Analyst Today, 6*, 65-81.

Kanter, J. W., Manos, R. C., Busch, A. M., & Rusch, L. C. (2008). Making behavioral activation more behavioral. *Behavior Modification, 32*, 780-803.

Kanter, J. W., Mulick, P. S., Busch, A. M., Berlin, K. S., & Martell, C. R. (2007). The Behavioral Activation for Depression Scale (BADS): Psychometric properties and factor structure. *Journal of Psychopathology and Behavioral Assessment, 29*, 191-202.

Kanter, J. W., Rusch, L. C., Busch, A. M., & Sedivy, S. K. (in press). confirmatory factor analysis of the behavioral activation for depression scale (BADS) in a community sample with elevated depressive symptoms. *Journal of Psychopathology and Behavioral Assessment*.

Kanter, J. W., Weeks, C. E., Bonow, J. T., Landes, S. J., Callaghan, G. M., & Follette, W. C. (in press). Assessment and case conceptualization. In M. Tsai, R. J. Kohlenberg, J. W. Kanter, B. Kohlenberg, W. C. Follette, & G. M. Callaghan (Eds.), *A guide to functional analytic psychotherapy: Awareness, courage, love and behaviorism in the therapeutic relationship*. New York: Springer.

Kessler, R. C. (1997). The effects of stressful life events on depression. *Annual Review of Psychology, 48*, 191-214.

Kimbrough, R., Molock, S., & Walton, K. (1996). Perception of social support, acculturation, depression, and suicidal ideation among African American college students at predominantly white universities. *Journal of Negro Education, 65*, 295-307.

Klein, D., & Seligman, M. (1976). Reversal of performance deficits and perceptual deficits in learned helplessness and depression. *Journal of Abnormal Psychology, 85*, 11-26.

Kohlenberg, R. J., Kanter, J. W., Bolling, M. Y., Parker, C. R., & Tsai, M. (2002). Enhancing cognitive therapy for depression with functional analytic psychotherapy: Treatment guidelines and empirical findings. *Cognitive and Behavioral Practice, 9*, 213-229.

Kohlenberg, R. J., & Tsai, M. (1991). *Functional analytic psychotherapy: Creating intense and curative therapeutic relationships*. New York: Plenum Press.

Lejuez, C. W., Hopko, D. R., & Hopko, S. D. (2001). A brief behavioral activation treatment for depression: Treatment manual. *Behavior Modification, 25*, 255-286.

Lejuez, C. W., Hopko, D. R., & Hopko, S. D. (2002). *The brief Behavioral Activation Treatment for Depression (BATD): A comprehensive patient guide*. Boston: Pearson Custom Publishing.

Leventhal, A., & Martell, C. (2006). *The myth of depression as disease: Limitations and alternatives to drug treatment*. Westport, CT: Praeger Publishers/Greenwood Publishing Group.

Lewinsohn, P. (1974). A behavioral approach to depression. In R. J. Friedman & M. M. Katz (Eds.), *Psychology of depression: Contemporary theory and research*. Oxford, England: John Wiley

& Sons.

Lewinsohn, P. M., Antonuccio, D. O., Steinmetz-Breckenridge, J., & Teri, L. (1984). *The coping with depression course*. Eugene, OR: Castalia Press.

Lewinsohn, P. M., Muñoz, R. F., Youngren, M. A., & Zeiss, A. M. (1978). *Cotrol your derpession*. New York: Prentice Hall.

Lincoln, K. D., Chatters, L. M., & Taylor, R. J. (2005). Social support, traumatic events, and depressive symptoms among African Americans. *Journal of Marriage and Family, 67*, 754-766.

Linehan, M. (1993). *Cognitive-behavioral treatment of borderline personality disorder*. New York: Guilford Press.

Longmore, R., & Worrell, M. (2007). Do we need to challenge thoughts in cognitive behavior therapy? *Clinical Psychology Review, 27*, 173-187.

Martell, C. R., Addis, M. E., & Jacobson, N. S. (2001). *Depression in context: Strategies for guided action*. New York: Norton.

Masedo, A., & Esteve, M. (2007). Effects of suppression, acceptance and spontaneous coping on pain tolerance, pain intensity and distress. *Behaviour Research and Therapy, 45*, 199-209.

McCullough, J. P. (2000). *Treatment for chronic depression: Cognitive Behavioral Analysis System of Psychotherapy*. New York: Guilford.

Melin, L., Andersson, B., & Götestam, K. (1976). Contingency management in a methadone maintenance treatment program. *Addictive Behaviors, 1*, 151-158.

Miller, D., Malmstrom, T., Joshi, S., Andresen, E., Morley, J., & Wolinsky, F. (2004). Clinically relevant levels of depressive symptoms in community-dwelling middle-aged African Americans. *Journal of the American Geriatrics Society, 52*, 741-748.

Mulick, P., & Naugle, A. (2004). Behavioral activation for comorbid PTSD and major depression: A case study. *Cognitive and Behavioral Practice, 11*, 378-387.

Nezu, A. M., Nezu, C. M., & Perri, M. G. (1989). *Problem-solving therapy for depression: Theory, research, and clinical guidelines*. New York: Wiley.

Overmier, J., & Seligman, M. (1967). Effects of inescapable shock upon subsequent escape and avoidance responding. *Journal of Comparative and Physiological Psychology, 63*, 28-33.

Porter, J., Spates, C., & Smitham, S. (2004). Behavioral activation group therapy in public mental health settings: A pilot investigation. *Professional Psychology: Research and Practice, 35*, 297-301.

Ramnerö, J., & Törneke, N. (2008). *ABCs of human behavior: Behavioral principles for the practicing clinician.* Reno, NV: Context Press.

Riolo, S. A., Nguyen, T., Greden, J. F., & King, C. A. (2005). Prevalence of depression by race/ethnicity: Findings from the National Health and Nutrition Examination Survey III. *American Journal of Public Health, 95*, 998-1000.

Roth, S., & Kubal, L. (1975). Effects of noncontingent reinforcement on tasks of differing importance: Facilitation and learned helplessness. *Journal of Personality and Social Psychology, 32*, 680-691.

Rusch, L. C., Kanter, J. W., & Brondino, M. J. (in press). A comparison of the behavioral and biomedical models of stigma reduction for depression with a non-clinical undergraduate sample. *The Journal of Nervous and Mental Disease.*

Santiago-Rivera, A., Arredondo, P., & Gallardo-Cooper, M. (2002). *Counseling Latinos and la familia: A practical guide.* Thousand Oaks, CA: Sage.

Santiago-Rivera, A., Kanter, J. W., Benson, G., DeRose, T., Illes, R., & Reyes, W. (in press). Behavioral activation treatment approach for Latinos with depression. *Psychotherapy: Theory, Research, Practice, Training.*

Sergin, C. (2003). Social skills training. In W. O'Donohue, J. E. Fisher, & S. C. Hayes (Eds.), *Cognitive behavior therapy: Applying empirically supported techniques in your practice.* Hoboken, NJ: John Wiley & Sons, Inc.

Simons, A. D., Garfield, S. L., & Murphy, G. E. (1984). The process of change in cognitive therapy and pharmacotherapy for depression: Changes in mood and cognition. *Archives of General Psychiatry, 41*, 45-51.

Skinner, B. F. (1953). *Science and human behavior*. Oxford, England: Macmillan.

Skinner, B. F. (1974). *About behaviorism*. New York: Vintage Books.

Tsai, M., Kohlenberg, R. J., Kanter, J. W., Kohlenberg, B., Follette, W. C., & Callaghan, G. M. (Eds.) (2008). *A guide to functional analytic psychotherapy: Awareness, courage, love, and behaviorism in the therapeutic relationship*. New York: Springer.

Valenstein, E. S. (1988). *Blaming the brain: The truth about drugs and mental health*. New York: The Free Press.

Veale, D. (2008). Behavioural activation for depression. *Advances in Psychiatric Treatment, 14*, 29-36.

Wegner, D., & Zanakos, S. I. (1994). Chronic thoughts suppression. *Journal of Personality, 62*, 615-640.

Wells, A. (2004). Metacognitive therapy: Elements of mental control in understanding and treating generalized anxiety disorder and posttraumatic stress disorder. *Contemporary cognitive therapy: Theory, research, and practice* (pp. 184-205). New York: Guilford Press.

Wilson, K. G., Sandoz, E. K., Kitchens, J., & Roberts, M. E. (2008). *The Valued Living Questionnaire: Defining and measuring valued action within a behavioral framework*. Manuscript submitted for publication.

Woods, D. W., & Kanter, J. W. (Eds.). (2007). *Understanding behavior Disorders: A contemporary behavioral perspective*. Reno, NV: Context Press.

Zeiss, A., Lewinsohn, P., & Muñoz, R. (1979). Nonspecific improvement effects in depression using interpersonal skills training, pleasant activity schedules, or cognitive training. *Journal of Consulting and Clinical Psychology, 47*, 427-439.

—

찾아보기

▌인명▌

A
Addis, M. E. 86

B
Barlow, D. 185
Beck, A. T. 115
Bongar, B. 202
Bush, A. M. 113

C
Cuijpers, P. 26, 134

D
Dimidjian, S. 29, 190

F
Ferster, C. 23

H
Hayes, S. 68
Hollon, S. D. 203, 205
Hopko, D. R. 29, 113

J
Jacobson, N. 26, 30

K
Kanter, J. W. 95
Kohlenberg, R. J. 55, 176

L
Lejuez, C. 28, 30
Lewinsohn, P. 23, 24, 25, 30
Linehan, M. 190

M
Martell, C. 28, 30

▌내 용▐

저자 소개

조나단 칸터(Jonathan W. Kanter)
위스콘신-밀워키 대학교의 심리학과 조교수이자 임상 관련 책임자로 일하고 있으며, 중독행동 건강센터에서 연구원으로 재직 중이다.

앤드류 부시(Andrew M. Bush)
브라운 대학교 앨퍼트 의대에서 박사 학위 전 인턴으로 근무하고 있으며, 로드아일랜드 프로비던스에 있는 버틀러 병원에서 사회심리 프로그램 연구자로 일하고 있다.

로라 러쉬(Laura C. Rusch)
위스콘신-밀워키 대학교 심리학과 대학원생이다.

역자 소개

하승수(Ha, Seung-Soo)
서울대학교 심리학과 학사, 석사, 박사(임상 · 상담심리학 전공)
미국 University of Texas at Austin 석사(임상심리학 전공)
서울대학교병원 신경정신과 임상심리레지던트 수련
현 한양사이버대학교 상담심리학과 교수
　심리플러스상담센터(www.psyplus.co.kr) 자문교수
　임상심리전문가(한국임상심리학회)

행동활성화치료

Behavioral Activation_____

2017년 2월 20일 1판 1쇄 발행
2024년 4월 25일 1판 3쇄 발행

지은이 • Jonathan W. Kanter · Andrew M. Busch · Laura C. Rusch
옮긴이 • 하승수
펴낸이 • 김진환
펴낸곳 • (주) **학지사**

04031 서울특별시 마포구 양화로 15길 20 마인드월드빌딩
대표전화 • 02)330-5114   팩스 • 02)324-2345
등록번호 • 제313-2006-000265호

홈페이지 • http://www.hakjisa.co.kr
인스타그램 • https://www.instagram.com/hakjisabook

ISBN 978-89-997-1199-2 93180

정가 13,000원

역자와의 협약으로 인지는 생략합니다.
파본은 구입처에서 교환해 드립니다.

이 책을 무단으로 전재하거나 복제할 경우 저작권법에 따라 처벌을 받게 됩니다.

출판미디어기업 **학지사**

간호보건의학출판 **학지사메디컬** www.hakjisamd.co.kr
심리검사연구소 **인싸이트** www.inpsyt.co.kr
학술논문서비스 **뉴논문** www.newnonmun.com
교육연수원 **카운피아** www.counpia.com
대학교재전자책플랫폼 **캠퍼스북** www.campusbook.co.kr